大展好書　好書大展
品嘗好書　冠群可期

現代武術大師孫祿堂像

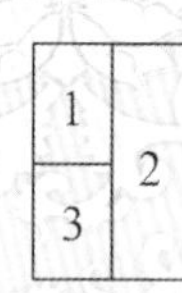

①孫祿堂先生銅像

②中國武術十大名師、武術九段孫劍雲像

③孫劍雲與父親孫祿堂、母親張昭賢的合影

太極拳演示

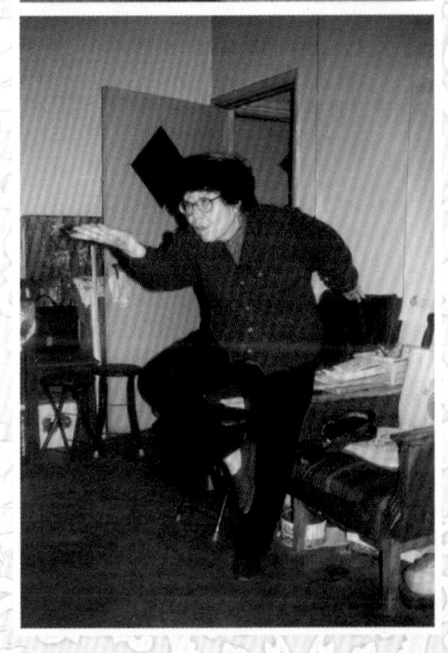

太極劍演示

榮膺武術九段

榮獲「全國十大武術名師」稱號

1	2
3	
4	

①1984年，與楊振鐸（左）
傅鐘文（中）在武漢合影

②與楊振鐸先生（左二）、
界太極拳冠軍高佳敏（
二）、王二平（左一）在
起

③歡渡八十壽誕

④寄情山水，潑墨寫丹青

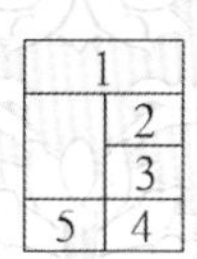

①1999年，孫劍雲攜弟子拜訪武當山

②在武當山上表演八卦掌

③1991年，在河北永年國際太極拳聯誼會上表演

④與武術新苗在一起

⑤1987年，在河北邯鄲國際太極拳聯誼會上表演

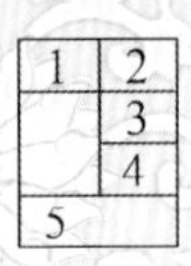

①輔導英國學員

②與世界著名男高音卡洛· 阿萊馬洛
夫婦親切交談

③與英國太極拳研究會學員合影

④1988年夏，在香港與香港弟子合影

⑤美國孫式太極拳研究會成立

中國當代太極名家名著 4

孫劍雲

孫式太極拳詮真

孫劍雲　編著

大展出版社有限公司

出版前言

21 世紀，是人類追求更高生存質量的世紀。儘管醫學工程、生物工程和生命工程的研究越來越深入和發展，但人們依然在努力尋找著更佳的提升生命質量的方法和手段。在這個階段，無論是國內還是國外，無論是生命科學家還是普通百姓大衆，正在趨於一個共同的感知：源於中國的太極拳運動，是當今世界健身強體、提升生命質量的最佳選擇之一。

太極拳，源於中國古老文化的底蘊之上。作爲中國武術的一支奇葩，經歷了漫長的發展過程，在不斷發展的理論和實踐的各個方面，給人類留下了一份珍貴的文化遺產。

當今六大太極拳門派的爭奇鬥艷，充分展示了太極拳運動的無限魅力，諸多太極拳的名家大師，奉獻自己畢生心血，不僅系統完整地繼承了太極拳的精髓，在推廣普及方面作出了卓越的貢獻，而且敢於突破傳統觀念的約束，透過自己辛勤的筆耕，結合自身習練的感受和心得體會，以書刊的形式，將中國武術的精華，尤其是太極拳在理論和實踐諸多方面的經驗加以總結，系統地展現給廣大的愛好者和武術工作者。正是由於他們的不懈努力，當今世界的人們才能領略到武術圖書繁花似錦的大好局面，才能盡情地吮吸中國古老的傳統文化的汁液，並從中體驗到無窮的魅力。

作爲體育專業出版工作者，承前啓後、繼往開來，把中國武術文化的精華介紹給國內外廣大讀者，使太極拳運動發揚光大，是我們在社會發展的大潮中應盡的歷史責任。在太極拳運動蓬勃發展的今天，出版一套代表當今太極拳主流的叢書，是我們長久以來的願望。在諸多當代太極拳名師的熱情支持下，《中國當代太極拳名家名著叢書》終於問世，我們的這一願望得以實現，甚感欣慰。

這套叢書，囊括了國家規定太極拳和中國六大太極拳流派主要代表的著作，其內容包括各大流派的主要拳理拳論、風格特點、主要的拳術套路、器械套路、太極推手、打手，基本上反映了各流派的風貌。在這套叢書中，有的內容已經陸續散見於一些其他出版物，有的內容則是最新完成的力作。我們相信，這套叢書的面世，對於太極拳運動的不斷發展，會產生新的促進和推動，對於廣大太極拳愛好者、學習者，以及從事中國武術文化繼承工作的研究者們，也會帶來新的感受和新的認知。

前　言

應人民體育出版社的要求，爲弘揚中華武術，筆者以 88 歲高齡，將孫式太極拳傳統套路九十七式、簡化三十五式、新編十三式以及傳統孫式及太極劍、太極劍對練套路都編寫入本書。本書有如下幾個特點：

1. 書中傳統孫式太極拳的照片，爲筆者十多年前的示範照；推手照片爲筆者與師兄胡席圃 1957 年的示範照。由於筆者年齡關係，太極劍單練套路由徒弟孫永田示範，太極劍對練套路由徒弟袁德安、白普山示範。他們的動作，需進一步規範化，功夫也尚待提升，示範動作僅供習練參考之用。

2. 書中對孫式太極拳、劍的源流、拳理、內容、練習要點及常見錯誤都作了系統性的介紹，深入淺出、哲理透徹、論點精闢，不僅爲練習孫式太極拳者所必讀，對練習其他拳術者也具有重要的參考作用。

3. 本書附有孫式太極拳創始人筆者先父孫祿堂的著作《太極拳學》。練習者由此可追本溯源，對照參考，以利提升。

4. 本書適合任何年齡及各種體質的人進行練習，尤其適合初學者對照本書自修，同時也兼顧已有一定太極拳、劍基礎的愛好者的進一步提升。

本書在出版過程中得到了徒弟孫永田、袁德安、白普山等的協助，在此一併致謝。

孫劍雲

2002 年 4 月 18 日

目　錄

武林風範

——記孫劍雲大師

袁德安

一、當代武術名師

孫劍雲，北京市西城區政協委員，中國武術九段。1914 年 6 月 6 日生於北京（農曆 5 月 13 日），為中國著名武術大師孫祿堂之女。在 1995 年全國首屆「中華武林百傑」評選活動中，被評為「中國當代十大武術名師」，並被聘為中國武術研究院特邀研究員。

孫劍雲 9 歲隨父習武，得家傳。17 歲時隨父赴鎮江江蘇省國術館女子班任教授。其間又與其兄孫存周同赴南京，隨武當劍名家李景林習武當對劍。同年在上海致柔社成立 6 周年大會上，與父、兄同場表演八卦變劍，深得贊許，時人評曰：「得其父神。」

1934 年，孫劍雲考入北平國立藝術師專，師從周元亮習工筆畫，擅山水、仕女。1937 年，她在中山公園舉辦個人畫展，被譽為北平四小名畫家之一。

新中國成立後，孫劍雲先後撰寫了《孫氏太極拳》《孫氏太極拳簡化套路》《形意八式》《純陽劍》《孫氏太極拳特點和要求》《孫氏太極拳、劍》，並編寫了《孫祿堂武學錄》等作品，出版了《孫氏太極拳》的教學錄影帶，《孫氏太極拳》《孫氏太極劍》的教學光碟等。多次出任全國和北京市武術比賽的裁判和裁判長。1957 年，她在全國武術表

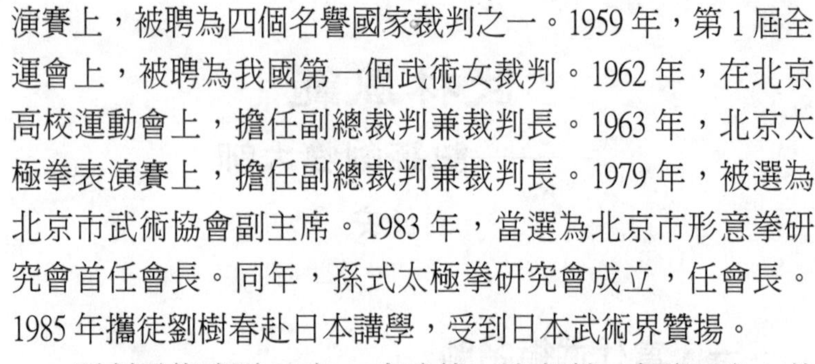

演賽上，被聘為四個名譽國家裁判之一。1959 年，第 1 屆全運會上，被聘為我國第一個武術女裁判。1962 年，在北京高校運動會上，擔任副總裁判兼裁判長。1963 年，北京太極拳表演賽上，擔任副總裁判兼裁判長。1979 年，被選為北京市武術協會副主席。1983 年，當選為北京市形意拳研究會首任會長。同年，孫式太極拳研究會成立，任會長。1985 年攜徒劉樹春赴日本講學，受到日本武術界贊揚。

孫劍雲修武近 80 年，守武德，遠名利，自強不息。其師兄、美國加州武術院首任院長劉如桐先生曾寫對聯贊曰：「燦若繁星集萬人視線，明如皎日放一代光輝。」

孫劍雲為新中國成立後孫門武學的主要傳播者。她的學生、弟子遍佈美國、加拿大、英國、瑞典、義大利、日本等國及香港特區和國內各省市。

二、幼承庭訓，習武修文，爲一代女中豪傑

武學大師孫祿堂育有三子一女。孫劍雲出生時，大哥已 24 歲，二哥 21 歲，三哥 15 歲，她比大哥、二哥的女兒還小。父母及兄長把她視為掌上明珠。在孫劍雲 7 歲時，北京發生了一件震撼武林的大事，這件事的影響決定了孫劍雲一生的道路。

「五四」運動前後的中國，政府腐敗無能，人民生活困苦，屢遭外國列強的欺凌，被稱為「東亞病夫」。日本國不僅在經濟上、政治上、軍事上入侵中國，就連民間武術也要波及，夢想在中國稱霸武林。日本大正天皇派了一個武士道大力士板垣一雄到中國，指名道姓要與中國國術大師孫祿堂比武。板垣一雄身高體壯，一米八幾的個子，重約 200 磅，在日本曾三奪金牌，被授予「大正天皇特級勛章」，號稱天

下第一。當時孫祿堂已年逾花甲，但其功夫已達到了爐火純青、出神入化的境地。孫祿堂身材瘦小，並又遭喪子之痛，但為振國威，凜然應戰。在老北京府右街羅圈胡同甲10號孫宅的客廳裡，孫祿堂採用游身八卦、閃展騰挪之招式，躲過板垣一雄的一次次進攻。突然，孫祿堂以迅雷不及掩耳的速度，一伸手就把板垣一雄擊倒在地，把客廳靠牆的一排書架撞倒，板垣一雄當場認輸。

事後，日本天皇用兩萬銀元的高價請孫祿堂東渡日本教拳，被孫祿堂拒絕了。孫祿堂高超的武技和品格震動了武術界，也在孫劍雲幼小的心靈裡留下了終身難忘的印象。孫劍雲暗下決心，一定要練好功夫，擊敗外國挑釁者。從此，她就偷偷地跟在其父的徒弟後邊練拳。

有一天，孫祿堂見劍雲在盤架子，十分驚訝，問及什麼時候開始學拳，跟誰學的拳？劍雲答道：「沒誰教，我自己看會的。」孫祿堂問：「你學拳做什麼？」孫劍雲回答說：「見你打敗洋人，我心裡特別高興，長大了也要跟你一樣，練好功夫，打敗敢欺侮我們的外國人。」

孫祿堂見劍雲人小志氣大，就嚴格地親自培訓孫劍雲。孫祿堂每天早4點起床練武，同時也把女兒叫起來練拳。孫祿堂教女兒練拳、練劍只示範三次，不會就得挨罰。這樣促使孫劍雲更加認真，多動腦筋，免得三遍不會挨父親罰。當時跟祿堂公學拳的徒弟、學生不少，劍雲就事先看他們練，記個八九不離十，待父親教時，示範三遍也就能過關了。

但也有不熟練的時候。一次練八卦劍練得不夠熟，孫祿堂不滿意。門外正大雪紛飛，孫祿堂把女兒趕出去練劍，不練熟不讓進門。就這樣，孫劍雲在父親的嚴格要求下，勤學苦練，很快就學會了形意、八卦、太極三趟拳和形意、八卦、太極三路劍。

在單練套路的基礎上，孫祿堂開始教授孫劍雲對練套路的拳、劍。要求在要領上，不僅要知其然，還必須知其所以然。孫祿堂常常用木劍與手持竹劍的孫劍雲對練，一有破綻，劍雲的手腕上就被砍得流血不止，痛得直哭。當媽的雖然明白孫祿堂對女兒的一片苦心，但還是心疼得要埋怨孫祿堂：「你這樣砍，老讓她流血，這怎麼行呢？」孫祿堂不是不心疼女兒，而為了造就人才，就必須嚴格，勞其筋骨，練其意志，他對夫人解釋說：「不這樣練，她怎麼知道躲閃和進攻的奧妙，只有練過而後，受過其挫，她才會吃一塹、長一智，技巧才能純熟，功夫才會長進。」

孫劍雲從小聰明、淘氣，很討父母親的喜愛，尤其對父親的脾氣，父親一會兒見不到孫劍雲，就嚷嚷：「老姑娘哪兒去了？」但響鼓還要重捶敲。孫祿堂在拳架和推手上既授她要訣和技巧，也促她進行實戰練習。有一年冬天，一家人圍著火爐烤火，孫祿堂高興起來，就叫「老姑娘」與他推手。孫劍雲一與父親接手，自己就像皮球一樣被拋出，並且直沖火爐而去。家人一見大驚失色。說時遲，那時快，孫祿堂一把又將他的「老姑娘」抓了回來。

此前，孫劍雲常見父親與徒弟練打手，沾連黏隨，走動起來，兩人進退相隨，直看得眼花繚亂。聽師兄弟們談論起推手，津津有味，變化無窮。這次一經身試，才真正感到了父親的神奇功夫及太極推手之奧妙。

孫劍雲 17 歲時，隨父在鎮江江蘇省國術館任教女子班，一邊教，一邊學，得其父口授身傳，日積月累，由量變而產生了質變。套路學會了，拳理領會了，因此，在致柔社成立六周年大會上表演時，受到「得乃父其神」的稱贊。一直到孫祿堂逝世時，孫劍雲一直跟隨在父親身邊。孫祿堂囑咐女兒及弟子們，關鍵還是一個字：「練」。因此，孫劍雲至今耳聰、目明，行動輕靈敏捷。

她與一般女性不同，手指特別粗壯，手掌通紅，而且柔如嬰兒，說起話來，詼諧有趣，底氣十足。這就是長期練功而氣貫指梢、內勁充足的表現。

孫劍雲的成長道路，不僅與武有緣，而且是文武雙全。孫祿堂是近代武術史上的一代儒俠，學識淵博，武功高，而且更具文采。他是中國近代武術史上集形意、八卦、太極於一爐的孫式太極拳創始人，也是能將自己所練、所創寫書成文出版的奇才。

在對孫劍雲的培養上，他也遵循這一模式。孫劍雲小時，看見父親寫字、畫畫，她也學著寫字、畫畫。有一次，淘氣的孫劍雲在孫祿堂的一位朋友來訪時，在其書寫的條幅「中和之氣」上，又寫上了「中和」二字。這位精通書法的老先生，就是做過馮玉祥將軍老師的高道天先生，他看見這兩個字，覺得很奇怪。孫祿堂說：「準是我那調皮的小女所為。」老先生說：「把她叫出來我見見。」劍雲來了，老先生問：「這兩個字是你寫的嗎？」劍雲點點頭承認了。老先生說：「還行！」並主動對孫祿堂說：「以後你教我拳，我教她書法。」當時孫劍雲才 11 歲。

從此，孫劍雲開始臨「張遷碑」帖。孫祿堂後來還請過幾位畫家教她畫畫，如西四大紅羅廠名畫家方曼雲等。還請過古文老師教她四書五經。一直到 1934 年，孫劍雲考入北平國立藝術師專（今中央美術學院前身），師從周元亮習工筆畫、仕女畫，為周先生得意之女弟子。1937 年畢業時，孫劍雲在中山公園舉辦個人畫展，引起轟動，被公認為是當

時北平的四小名畫家之一。

孫劍雲修成了很深厚的文學底蘊，至今仍能背誦四書五經，高興起來，還引經據典，講述古人的故事。孫劍雲送給每個徒弟書時，總是寫某某「賢棣」，而賢棣是什麼意思呢？孫劍雲告訴人們說：「古代孔子，有弟子三千，賢人七十，這是入門為賢人，未入門為弟子的區別。跟我學拳的人成千上萬，而入屋為徒弟不過百人，對徒弟的愛稱是為賢棣。」

孫劍雲得其父真傳，加上自己的努力，文成武就，成為一代女中豪傑。孫祿堂逝世之後，她舉起「孫式拳」這面大旗，一扛就是六十多年，在武林界享有盛名，並揚名海外。

三、耕耘武林，足跡遍佈大江南北

孫劍雲 20 歲從父親手中接過孫式太極拳這杆大旗，在中華大地傳播，並開花結果。

孫劍雲不僅自己天天習練孫式拳，著書立說，而且授徒成千上萬，足跡遍佈大江南北。早些年，孫劍雲總是在國內雲遊授徒，參加各項比賽表演活動，擔任裁判工作，並親自下場表演。新中國成立後，國家十分重視武術工作，也很重視前輩的傳人。1957 年舉行全國第 1 屆武術比賽，孫劍雲被聘為中國的第一位武術女裁判。那時，國家體委主任賀龍元帥對孫祿堂的武功和為人十分了解。在見到孫劍雲時，說：「你要好好地繼承你父親的東西，你父親一生不容易，他文武兼備，德藝兼修。你要把你父親用文言文寫的書，改成白話文，好讓廣大群眾看懂，並跟著習練。」孫劍雲為元帥對中華武術的關心愛護，尤其對孫式拳關愛得如此具體而深深感動。不久，孫劍雲就把孫祿堂的《太極拳學》一書整理成白話文，寫成《孫氏太極拳》一書，於 1957 年出版發行。

隨著太極拳的推廣、交流，孫劍雲感到，對傳統孫式九十七式太極拳套路，練起來不易記住。1983 年，在人大會堂，孫劍雲參加了一個關於「武德」方面的講座並發表演講後，見到李夢華主任，他對孫劍雲說：「為了更廣泛推廣、習練太極拳，限你兩周內編寫出孫式太極拳簡化套路。」回去後，孫劍雲立即著手對傳統套路進行簡化，去掉原套路中一些重複的和難度較大的動作，保留了原套路中身、手、步法及承接轉換的規則，同時完整地保留了孫式太極拳的特點，將原來的九十七式簡化成三十五式並於當年，即 1983 年 7 月，在《武術健身》雜誌上發表。

太極拳運動在全民健身活動中起到的重要作用，使越來越多的人愛好這項運動，尤其在鄧小平同志題詞「太極拳好」之後，其勢更是風起雲湧。孫劍雲先後編寫了《形意八式》《純陽劍》《孫氏太極拳特點和要求》。1997 年，又編寫出版了《孫氏太極拳、劍》一書，其中孫式太極劍圖文並茂，是首次問世。2001 年又編著出版了《孫祿堂武學錄》一書，把孫祿堂生前五本著作《形意拳學》《八卦拳學》《太極拳學》《拳意述真》《八卦劍學》進行點校，把文言文加注標點斷句，並改寫成簡化漢字。為了太極拳運動更好地服務於人類的健康事業，孫劍雲還編寫了《孫式太極拳十三式》一書，並收入本書中。

孫劍雲在筆耕的同時，還身體力行，參加全國和北京市的武術活動，1957～1963 年期間多次出任全國、北京市武術運動會的裁判工作，並擔任「形意拳研究會」首屆會長，擔任「孫式太極拳研究會」會長至今，1982 年和 1984 年，她參加了南京、武漢兩屆國際太極拳表演，其功架純正、內涵豐富，受到業內人士好評。1985 年，孫劍雲攜徒劉樹春赴日本傳授孫式太極拳，在東京、大阪等 7 個城市講學，受到日本武術界的高度贊揚，並由其日本學生將《孫氏太極拳》一書翻譯成日文在日本刊登。1988 年，在廣州舉辦了孫式太極拳骨幹學習班。1991 年，在濮陽國際傳統武術大會上，任主席團成員，並被贈予「桃李成蹊」匾幅。同年，還出席了河北永年國際太極拳聯誼會，任主席團成員，下場表演，並作了「讀孫式太極拳」的演講，後收入《太極名人談真諦》一書中。以後歷屆聯誼會，孫劍雲作為特邀嘉賓，多次出席並參加表演。1992 年，中國武協及中國武術研究院在北京體院召開太極拳推手研討會，孫劍雲以耄耋之齡應邀前往，並與到會的諸位名家進行推手交流，在場名家對她推手功夫的技巧精湛，功力渾厚無不嘆服。

孫劍雲自 1982～1993 年，曾兩下廣州，六赴江南，數出關外，授藝教拳，為武術的普及工作作出了很大的貢獻。1994 年，孫劍雲隨團赴香港，參加國際武術觀摩大會，在大會上表演了孫式太極拳，北京武術院院長吳彬贈聯曰：「年高體健驚四座，身輕步捷成明星（武術）。」同年，香港孫式太極拳研究會成立。

1995 年，在全國首屆「中華武林百傑」評選活動中，被評為「中國當代十大武術名師」，從此孫劍雲大師的名聲在中外更為響亮。

1997 年，在邯鄲第四屆國際太極拳聯誼會上，孫劍雲以 84 歲高齡，在大會開幕式上表演孫家拳術，只見她由太極拳起勢，連綿不斷，剛柔相濟，接著入形意拳之剛猛矯健，繼而進入八卦拳變掌之閃展騰挪，真是千變萬化，似龍飛鳳舞，與會者掌聲雷動，大飽眼福。尤其是她在武術研究方面的觀點，讓人耳目一新。她說：「習武德當先，不應有行派之見，各派之形式雖不同，然其理則一也。」一番言論使多人當場要求拜孫劍雲大師為師，習練孫式太極拳。孫劍雲成了大會上舉足輕重的人物，受到眾人尊敬，找上門來合影的、請教的、拜訪的絡繹不絕。她則有求必應，和藹可親，不愧為大家風範。正如吳彬先生評價過的，孫劍雲是：「才高而不驕，輩尊而不傲。」

1999 年，孫劍雲大師受「首屆中國武當拳國際聯誼會」的邀請，率弟子多人出席。其中有遠從美國回來的馮健、有邯鄲「永年國際太極拳聯誼會」主要策畫人翟金錄，有第一批入門弟子金繼香、張振華，有帶藝投師的袁德安以及第四代傳人孫琦等人。他們在武當山受到主持道長王光德的盛禮接待，道樂聲中，鼓炮齊鳴，孫劍雲大師在徒弟及廣大拳友的簇擁下，手握陰陽太極結，一口氣登上了紫霄宮，暢談道家之「中和」。下山時，又在道家武館表演了八卦變掌，行步如飛，贏得滿堂彩。然後她又書寫了「悟天下大道」五個大字，送給道長。因孫祿堂生前曾雲遊武當山，所以大家對孫祿堂生平軼事特別感興趣。另外，孫劍雲大師的入室弟子黃萬翔先生，在全國武術比賽上獲得過八卦拳的冠軍，並曾在武當山「五龍武館」授過拳。因此，晚輩們對孫劍雲大師備加尊敬，佩服不已。

1996 年，應科學教育出版社之請，孫劍雲大師錄製了「孫式太極拳」的教學錄影帶，供廣大太極拳愛好者學習之用。1999 年應人民體育出版社之邀，出版了《孫式太極拳》《孫式太極劍》《孫式器械套路欣賞》等光碟。其中《孫式太極劍》為首次製作教學光碟公諸於眾。孫劍雲大師在拍攝過程中，邊練，邊講，連草稿也沒有，一切都爛熟於

心。《孫式太極拳、劍》套路中的一投足、一舉手，都深深印在她的腦海中，就像計算機的存儲器一樣，隨時調出來，隨時就用。86 歲高齡竟能滔滔不絕邊示範邊解說，思維敏捷，可見功底之深厚。

孫劍雲近 80 年的習拳教拳生涯中，慕名來學拳拜師的人很多，但她擇徒很嚴，經過一段時間的了解和熟悉後，還得有一兩個師兄弟引見。她雖無門派之見，但別的門派來學孫式拳，必須徵求原來師父的同意，以示友好。孫劍雲大師說：「武術源於中國，屬於世界，先父孫祿堂聚形意、八卦、太極三拳於一爐，創孫式太極拳，就是博採眾長而創之。」她的擇徒標準，也就是孫祿堂先生的擇徒標準：「如果你為了鍛鍊好身體，我教你綽綽有餘，要爭天下第一，你就另請高明。」孫劍雲大師常以孫祿堂公的高尚武德教育跟她學拳的人。孫祿堂要求徒弟、學生必須守「武德」，「武德」包括「口德」和「手德」。「口德」是不許說誰誰不行，誰誰練得不好，因為我們不知道人家練的是什麼，我們也不會人家練的東西；「手德」是與人切磋技藝不動手傷人，不樹敵，不結怨，能饒人處且饒人。孫祿堂設館授徒，因他長得瘦小，不少人登門挑釁，要求比試，孫祿堂總是客氣相讓，實在不行，才點到為止，讓人心服口服。就是當年對板垣一雄，也並未傷他性命。

孫劍雲大師以她高超的拳藝和人格魅力吸引著中外太極拳愛好者。除了國內同胞以外，她的徒弟還有美國人、日本人、英國人、瑞典人、加拿大人。而職業方面也是多種多樣，有教授、博士、講師、工程師、領導幹部、企業家、普通群眾、學生等等，她在擇徒授徒時不分等級，一視同仁。

日本的徒弟後騰自 1979 年始至今，每年利用工休假來北京學拳，雖然每次只有1～2周時間，但二十多年來從未間斷，說明徒弟有毅力，更說明孫劍雲大師有她獨特的魅力。後騰由青年進入中年，由未婚而已婚，婚後其夫人也是年年跟隨來習拳。英國的大衛·馬丁，一句漢語也講不了，但從1991年始，年年利用假期來北京學孫式拳。他的60歲生日也是在北京和孫劍雲大師及其師兄弟一起過的，即使他夫人去世的當年也未間斷過。美國人柳杰士，連續5年來北京學拳。他在美國已獲得雙碩士學位。雖然父親是英國人，但他是中國知名人士柳亞子的外孫，一直對中國傳統文化十分敬仰，不會漢語，就來中國學漢語。去年也拜入孫劍雲門下為徒。

孫劍雲大師授徒不知疲倦，親自示範，還用生動的比喻講解，讓弟子們體會。如孫式太極拳的單鞭，要像捋一長杆一樣，兩手左右分開；如練拳「起如挑擔，行如槐蟲」。讓學生記得住，練得正確。

孫劍雲大師在1995年初做了一件令武術界矚目的事情——確立了濮陽孫門同學會第三代掌門人。1月8日在北京梅地亞賓館舉行了「慶祝孫式太極拳研究會成立十周年暨確立第三代掌門人」大會。有百餘人出席。孫劍雲向大家說：「先父說過『拳非私有，惟德者居之』。這句話讓我信守終生。我的拳學技術，於先父萬不及一，但我繼承了父親的德，不管多困難、多麼窮，始終不敢離開『德』字一步。」根據「德」字當先的原則，她確立了孫永田先生為第三代掌門人。

孫永田與孫劍雲老師同姓不同宗，毫無血緣關係。孫永田1982年從孫劍雲大師習拳，他武德好，熱情助人，能團結人，且年齡合適，有利於孫式拳的發展。孫劍雲大師為孫

永田寫了八個大字「寬容忍讓，德藝雙修」。要求孫永田要寬厚待人，遇事能忍耐，門裡門外都要謙讓，當然不謙讓壞人。要為人師表，德在先，藝在後，有德無藝也不行。要德藝雙修。孫劍雲大師說：「先父把門戶之見打破了，我孫劍雲更應該這樣做。」這對武術的發揚光大，走出國門，對人類的健康事業作出的貢獻不可謂不大，對那種拳屬私有、傳子不傳女的傳統觀念也是一種挑戰。

孫永田在 2001 年率隊參加了在三亞市舉辦的國際太極拳健康大會，由他培訓的學生們參加了團體表演賽。在上百支代表隊中，孫式太極拳得到了團體特等獎，也是傳統孫式太極拳的集體形式公諸於世的嘗試。孫永田是個企業家，最近由他策畫並擔任董事長，開辦了「中國太極拳網」，以繼承、弘揚太極拳文化為宗旨，以普及太極拳知識、深入研究太極拳奧妙、提升太極拳水準、開展太極拳交流為目的。

孫劍雲大師說過，她有兩個願望要實現，才能自我欣慰。第一個願望已經實現，就是再版孫祿堂的五本遺著，即前面提到的《孫祿堂武學錄》。第二個願望就是給孫祿堂先生蓋個紀念館或造個塑像，作為對先父的懷念，並讓廣大孫式拳愛好者有個瞻仰的地方。經過 1999 年半年多的努力，得到廣大孫門同學會成員的熱情捐資贊助，幾經周折，銅像已塑成，只待刻碑、立像。

孫劍雲大師為武術界樹立了榜樣，為中國太極拳的發揚光大作出了巨大的貢獻，但她還常常勉勵自己，「老牛明知夕陽晚，不待揚鞭自奮蹄。」

四、生活坎坷，笑面人生

孫劍雲出生在一代武聖之家，她還未出世，家裡就準備好伺候的人了。她是父母的掌上明珠，當年也是過著張口「張媽，給我拿毛衣」，閉口「李媽，我要喝茶」的生活，不知生活困苦為何物。後來父母相繼過世，國家處於動亂時期，民不聊生，孫劍雲也被迫挑起了沉重的生活擔子。母親去世時，孫劍雲的大哥、三哥都已過世。在二哥、二嫂、大嫂及師兄弟商討家事時，由於世俗觀念，對大哥的姨太太及其四個幼兒的安置上，有人就提出：「給他們四百大洋，一個孩子一百，領著走。」孫劍雲當時認為，大哥的姨太太是清皇族正黃旗出身，讓人伺候慣了，家務活都不會幹，養活自己都難，何況帶四個幼兒呢？孫劍雲說：「我不能讓人家戳咱脊梁骨，讓人說：『瞧瞧，孫祿堂的後代流落街頭。』爸爸剛過世一年，媽的靈還沒有出堂，不能這麼辦。」「那怎麼著，誰要？！」孫劍雲說：「我要！」大哥的姨太太當即跪下了，感激涕零，說：「你這麼年輕，以後要結婚怎麼辦？」孫劍雲說：「為了大哥的幾個孩子，我不結婚了……」不到三年，大哥的姨太太也去世了。為了撫育四個孤兒，孫劍雲含辛茹苦，獨自拉扯著這幾個孩子，他們都在孫家長大了。其師兄贊揚孫劍雲說：「師妹撫育四孤成人，鬚眉有愧。」孫劍雲在 60 年代最困難的時候，也沒有主動找過她的侄兒們聯繫，以求報答。而是侄兒們透過各種途徑打聽姑姑的下落，才得以重敘親情。

孫劍雲困難時，給人當過保姆，給人看過孩子、做飯……什麼活兒都做過。她說：「我覺得沒什麼不好意思的，我出賣勞力，憑自己的本事養活自己，不丟人！」孫劍雲不貪財，當時保姆 30 塊一月，她只要 10 塊，夠交房租水電費就行了。惟一的條件是休息日她可以有一個教徒弟們學拳的時間。孫劍雲小時候使喚別人，這回也嘗到了被人使喚的滋

味。她想想，也沒什麼，挺好玩的。因而師兄們戲稱她為「遊戲三妹」。

孫劍雲克己待人，助人為樂，她原來住在一套兩間的大北房，後因某學校教師結婚登記後，只有一間 4.7 平方公尺的小屋，夫妻無法搬進去住。孫劍雲知道後，竟然無償與之交換，自己搬進這 4.7 平方公尺的小屋，一住就是 10 年，直到有關單位分給她如今住的一室一廳的單元房。4.7 平方公尺的小屋，在唐山地震時，幾乎要坍塌，房管局就東支一根棍、西加一根棍，弄得小小一塊床鋪也貼不了牆，只好讓侄兒們「改造」床板，才勉強使之貼在牆邊。這塊床板至今仍然留著，也算是個對往事的想念吧。孫劍雲說：「斗室堪留知己，杯茶盡可談心。」雖苦猶樂，笑面人生。

孫劍雲安貧樂道。她的房子雖是一室一廳，但面積不足 30 平方公尺。曾有外國朋友來拜訪她時，一上樓梯就把皮鞋帶解開了，準備進門脫鞋，但門一開，客人愣住了，說：「孫老師，這就是您的住所？！」孫劍雲說：「對呀，你有什麼疑問？」來人說：「在我印象中，您的名聲享譽中外，房間裡不說富麗堂皇，至少也得鋪上地毯呀！我真不敢相信。您這屋內只能以兩字冠之：『寒酸』。」確實，這屋內沒有裝修，也無配套的家具，最多的是各色紙箱和徒弟們淘汰下來的櫃子、沙發等等。

孫劍雲從小不貪吃、不貪財，穿著樸素，什麼樣的苦也不怕。每日三餐有鹹菜、有燒餅就很知足。她吃得很少，以素為主。從小就只吃個五六成飽。孫祿堂在世時，孫劍雲剛吃個半飽，父親就說了：「不吃了，一會兒再吃。」這一會兒就要到下一頓了。這種半飽的生活習慣一直保持到現在，也成了孫劍雲的養生之道。

孫劍雲對待她的徒弟們愛護得無微不至。到孫劍雲這裡來學拳，趕上吃飯就管飯，因此，哪個徒弟吃素菜，哪個學生不吃薑，不吃香菜，哪個徒弟愛吃花生米，哪個徒弟愛吃辣椒，哪個徒弟愛吃牛肉、愛吃茄子等，她都記得一清二楚。愛吃茄子的徒弟來學拳，一學就是十天半月，中午孫劍雲管飯，每日茄子不斷，換著花樣做，素燒茄子、茄子餃子、茄子包子、西紅柿悶茄子、茄絲、炸茄合、炸茄片等等，人們都聽說過全羊席、全魚席、滿漢全席等等，這半個月下來的茄子式樣湊在一起，豈不成了一桌茄子宴席了嗎？！

孫劍雲熱情好客，不僅有很多武術界的朋友，而且也有其他行業的朋友。有一位加拿大人，是美國佛羅里達州一音樂學院小提琴碩士畢業生，來華作音樂交流。他聽說過孫祿堂，十分敬佩，一到中國就去拜訪孫劍雲。一見到孫劍雲，他說「你像我外祖母一樣慈祥可親，我也要姓孫」。於是給自己起了個中文名：「孫端天」。第二年他和他的老父親再次來華訪問並旅遊，也專門去拜訪孫劍雲，快 70 歲的老頭也向孫劍雲提出要姓孫，並當場起了個中文名字：「孫福山」。

1998 年，歌劇《圖蘭朵》在北京紫禁城太廟實景演出，男高音卡洛・阿萊馬諾攜夫人拜訪孫劍雲，請教太極拳拳理與歌唱時的吐納有什麼相似之處，談得無拘無束，甚至還和孫劍雲練起了推手。最後，他和他夫人對唱了義大利歌劇原段來答謝孫劍雲對他們的款待。

由於種種原因，1963 年孫劍雲退職了，她靠給一個單位描圖的微薄收入維持生計。另外，她還給西珠市口宮燈廠作畫，用來作外貿出口之用。一張四開的畫才三分錢，相當

於當時一根冰棒的錢，而且畫畫用的筆、墨、顏料均得自備，可見維持生計之艱難了。「文革」時，連這種活也做不成了。只好變賣衣物、用品來補貼生計。當然，「塞翁失馬，焉知非福」，家徒四壁的她，倒免遭「紅衛兵」的衝擊了。一直到當選了西城區政協委員，每月給生活補貼，孫劍雲才算有了一筆固定收入。

孫劍雲教徒弟，從不講條件，也不靠設館教拳斂財。時下市場經濟，什麼都講錢，孫劍雲看不慣這種行為，因為有些東西不是以錢的多少來論價的。她說：「武術是中華民族的無價之寶，怎麼可以變賣呢？！你們誰喜歡練孫式拳，我就教你，你要拿錢買，那不行！你說孫式拳 97 個式子，我不知道是賣兩塊錢一個式子還是賣五塊錢一個式子?!」

孫劍雲大師一生坎坷，從錢財上講，可以說她一貧如洗。但她擁有世界上最寶貴的財富，她是中國武林中一代奇俠，她桃李滿天下。她不管走到哪裡，都有她的徒弟、學生，或者武林界同仁。她到哪裡，就受到哪裡的人們敬重。她獨身一人，沒有親生子女，但她說：「和尚無兒孝子多。」逢年過節，總有侄兒、徒弟與她一起過。每年除夕，也是高朋滿座，徹夜長談，談文論武。

她一生無怨無悔，她生活得很開心。她用「德」爭來了當今在武林界的一切榮譽。她用她人格的魅力吸引著海內外弟子們。她對每個人都熱情、真誠，她善良，樸實無華。她無愧於自己的一生。

第一章　孫式太極拳源流及宗師

第一節　孫式太極拳之源流

一、孫式太極拳的產生

孫式太極拳是孫祿堂先生創造的。它產生於 1918 年，以孫祿堂先生的名著《太極拳學》的出版為標誌。

孫式太極拳是孫祿堂以他自己登峰造極的武功為基礎，由數十年研究修悟形意拳、八卦拳、太極拳，運用易理，參以丹經，對這三門武學之精髓，進行有機融合後的自然昇華之品。孫祿堂透過遵從老子自然之道，合易筋、洗髓兩經之義，用周子太極圖之形，取河洛之理，依先後易之數，融合形意、八卦、太極三門拳術之真髓發明了孫式太極拳。

二、孫式太極拳之源流

孫祿堂先生 12 歲始學形意拳。師從李奎元先生近 3 年，後經李舉薦，又隨李之師郭雲深先生深造。見面時，郭雲深看到孫祿堂武學天賦極高，異乎他人，故郭雲深要孫祿堂棄業，隨己精研形意拳（當時孫正在隨一親戚學徒製毛筆）。這樣孫祿堂隨郭去了深縣，後又隨郭一同遷至西陵，相從近 8 年。其間孫祿堂還盡得宋世榮、車毅齋、白西園諸前輩之真傳。在這 8 年中，孫祿堂隨諸位先達潛心修武，不

及其他，形意拳功夫已至登峰造極的沖空化境，逢人較技未嘗負之。

他體驗到形意拳的最高境界就是神、氣合一，化至虛無。卷之、放之，其大無外，其小無內，不過是體內真氣之流行。體也罷，用也罷，不過是體內真氣變化的不同形態。因此，功至化境已無所謂形意、八卦、太極之分，此時無形、無意，可感而遂通。因此，在他跟郭雲深研修形意拳的後期，他已認識到透過拳術的修習，可使習者感受到超出拳術內容之外的深遠內涵。從這時起，他開始把很多精力放在了拳與道合的修悟上和拳理的研究上。

在研究中，他真切地感到拳術需要哲學的指導和理論的依托，於是他試圖以易經為指導，來進一步揭示拳理。後經郭雲深介紹，孫祿堂赴京城，從八卦拳名師程廷華習八卦拳。他希望由這種與易經關聯緊密的拳術的學習，能搞清拳術與易理的關係，以便進一步揭示拳學真諦。

孫祿堂從程師學習八卦拳僅數月後，便技藝精深，得其精微，體驗出形意拳與八卦拳之間的互補關係。但限於當時習武者的理論水準，使孫祿堂在拳理的研究方面仍未盡人意。年餘後（約 1885 年），程師對孫祿堂說：「吾授徒達數百人，其天資聰慧、專心潛學未有如弟者，吾與弟意氣相投，故將餘技盡傳之於弟，弟亦有宿慧，始克臻此。現弟之技，黃河南北已無敵手，可以行矣。」（見北京《世界日報》1934 年 2 月 3 日）。因此，孫祿堂從程師學習八卦拳後，一方面使他進一步感受到形意、八卦兩拳在本質上是相通的，功至化境者可自然融會貫通。

另一方面，也使他認識到僅從修拳中想達到通易之奧蘊並行之於拳是很不容易的。於是，孫祿堂決定只身徒步雲遊南北諸省，一方面廣增閱歷與見聞，另一方面留心尋找在易理、丹經方面造詣有成者。經過兩年多的遊歷生活，孫祿堂大大地豐富了他的武林閱歷，並在拳理上也得到顯著收穫，寫下了大量筆記。尤其在內丹功法和易經方面，他相繼從武當隱道、雲遊隱士及蜀中高僧學習，獲益匪淺，為他在拳術方面進一步研究，最終形成拳與道合的武學體系打下了理論基礎，獲得了深刻的經驗感受。

孫祿堂雲遊歸鄉後，閉門研究武學，並創辦「蒲陽拳社」，使研究與教學互補，相互印證，得以總結拳理。孫祿堂認為，拳術的本質是拳與道合。作為一切拳術的基礎是內勁，即人體內中和之氣的順、逆、合、化。孫祿堂根據易經和丹經先後創立了「先後天八卦相合理論」和「以內丹修為為表徵的拳學進階理論」。

前者揭示出人體內部功能系統間的協調育化與外部運作系統間的對應關係，以及人體生物場與宇宙場之間的對應關係。後者則揭示出拳術修為進階的基礎和本質。因此，孫祿堂根據他的研究對形意拳、八卦拳都進行了提煉和創新。由此產生的孫式形意拳和孫式八卦拳都具有深刻而鮮明的內涵和風格——中和。而中和也正是太極拳的本質。

雖然那時孫祿堂尚未系統學習太極拳，但他透過對形意拳、八卦拳的深刻掌握和對丹經、易經的深入研究，以及他那登峰造極的內功基礎，使他已經能在內勁上完全修悟到了太極拳的內容。

1912年，當孫祿堂與太極拳大師郝為真接觸時，郝為真深感驚訝，對孫祿堂說：「異哉！吾一語而子通悟，勝專習數十年者。」（見《拳意述真》陳微明序）。其原因就在於，三拳在本質上是相通的。孫祿堂由對形意、八卦、太極

長期深入的研修，感到有創立新拳的必要，其目的是使習拳者少走彎路，速悟拳術之真諦——練出體內一派純正的中和之氣——圓滿的內勁，直至拳道相合的境地。

孫祿堂認為，形意、八卦、太極是一個有機的拳學整體，三者的關係是互補、互融，並將此精闢地比喻為「天」「地」「人」。

他說：「三派拳術之道始於一理，中分三派，末復合為一理。其一理者亦各有所得也，形意拳之誠一也，八卦拳之萬法歸一也，太極拳之抱元守一也。」因此，他所創造的孫式太極拳是以太極陰陽互濟，極盡柔順之至為體；在運作的過程中參以內外八卦相合之理，求以動中之靜，內外合一，以極盡中和靈變之妙；在運作的每一時刻，則以形意拳之樁步孕育體內一觸即發之本能；在運作的狀態上，以「順中用逆，逆中行順」為法則，統馭起鑽落翻之義；在運作的心理上，以無為養神為本，虛中以求中和為用，達至「不求勝人而神行機圓人亦莫能勝之」之能。

故孫式太極拳的功能具有如下三大特徵：（1）極盡柔順中和之至。（2）極盡靈活巧變之至。（3）極盡整實猛烈之至。

第二節　孫祿堂小傳

孫祿堂諱福全，晚號涵齋，河北省完縣東任家疃村人。生於咸豐十年十一月十五日申時（1860 年 12 月 22 日），逝於民國 22 年夏曆 10 月 29 日卯時（1933 年 12 月 16 日）。

孫祿堂早年精研形意拳，師從李奎元，復從郭雲深，共 11 年，其間又得宋世榮、車毅齋、白西園諸前輩親授，加之孫祿堂天資彌高、性情恬淡，故孫之形意拳功夫能超逸前代，功臻沖空化境。

繼而孫祿堂為了研究拳與《易》之關係，又從程廷華研習八卦拳數月，多有心得，技藝精深，但絲毫無自得之意。年餘後，程廷華稱贊道：「吾授徒數百，從未有天資聰慧復能專心潛學如弟者。吾與弟意氣相投，故將餘技盡傳之。弟生有宿慧始能達此。餘意，汝之技，黃河南北已無敵手。祿堂前途珍重，可去矣。」

1886 年春，孫祿堂隻身徒步壯遊南北 11 省，其間，訪少林，朝武當，上峨眉，聞有藝者必訪至，逢人較技未遇對手。1888 年，孫返歸故里，同年創「濮陽拳社」。1907 年，東三省總督徐世昌久聞孫祿堂武功絕倫，故聘為幕賓，同往東北。後保薦孫為知縣、知州，未莅臨。

1909 年，孫隨徐返回北京，時肅王意公深慕孫祿堂武功獨步，冠絕當時武林，故折節下交。然而孫從無一事請托，所以縉紳於孫益重焉。

1912 年，孫祿堂在北京遇太極拳名家郝為真。時郝已年過花甲，病困交加。孫聞之，將郝接至家中，請醫餵藥，月餘郝癒。郝感其恩，遂將自己所習太極拳及心得傳之孫祿堂。

時郝一言方出，孫已通悟。二人搭手後，郝為真嘆服不已，驚贊曰：「異哉！吾一言而子通悟，勝專習數十年者。」蓋因形意、八卦、太極三家拳術至最高境界，其道理可自通。1918 年，孫祿堂經過自己數十年深修研悟，將形意拳、八卦拳、太極拳三門拳術從理論到內容提純昇華，融合為一，創孫式太極拳。同年，徐世昌請孫入總統府，任武承宣官。1928 年 3 月，南京中央國術館成立，孫受聘為該館

武當門門長。7月又被聘為江蘇省國術館副館長兼教務長。至1931年10月返京。

孫祿堂深通黃老、易學、丹經，並博學百家，習武修文殆有天授，故能集中國傳統哲學思想與武技於一體，提出「拳與道合」的武學思想，並以此為指導，完成形意、八卦、太極三拳合一的理論和修為體系。

自1915～1932年，孫祿堂前後撰寫出《形意拳學》《八卦拳學》《太極拳學》《拳意述真》《八卦劍學》《八卦槍學》（未出版）《論拳術內外家之別》《詳述形意、八卦、太極之原理》等重要專著和文章，影響極為深遠。

孫祿堂通透形意、八卦、太極三門拳術之真諦，而且於內功修養、點穴、輕功、槍、劍諸藝皆精純入化，披靡宇內。時人評曰：孫祿堂武功已至「依乎天理、批大郤、道大窾」，神乎之遊刃的武學最高境地。公認為當時武術界之領袖人物。形意、八卦名家張兆東晚年對友人曰：「以余一生所識，武功堪稱神明至聖、登峰造極者，惟孫祿堂一人耳。」

孫祿堂武功絕倫，能於行止坐臥間，周身各處皆可撲人於丈外，無時不然，又能於不聞不見之中覺險而避之，神行機圓，無人能犯。孫祿堂年近半百時，曾信手擊昏挑戰的俄國著名格鬥家彼得洛夫。年愈花甲時，力挫日本天皇欽命大武士板垣一雄。古稀之年，又一舉擊敗日本五名技擊高手的聯合挑戰。故在當時武林中享有「虎頭少保，天下第一手」之譽。

孫祿堂不僅武功登峰造極，而且道德修養極高，多次扶危濟災，救鄉民於水火。1919年，完縣一帶大旱，孫傾其家資散錢於鄉農，不取本息。而他周濟武林同道之事更不勝枚舉。時人評曰：「孫之忠義之心肝膽相照，非常人可比。」

孫雖名滿天下，然而質樸如初，一生淡泊名利，不阿權貴，立身涉世「誠於中而形於外」，不圖虛名，遇同道罔不謙遜，如無所能者。晚年，孫隱居鄉間，預言自己去世之日，不食者兩旬，而每日書字練拳無間。臨終時，孫面朝東南背靠西北，端坐椅上，囑家人勿哀哭並曰：「吾視生死如遊戲耳。」於清晨6時5分含笑而逝。

孫祿堂無疾而逝，震動當時。《申報》《民國日報》《大公報》《益世報》《世界日報》等重要報刊，均對孫的逝世作了報導，對孫之一生給予了高度評價。南京、上海、杭州各武術團體也於「功德林」為孫舉行公祭，由陳微明等名流百餘人出席，多人作演說。同時，北平、天津各武術團體及孫門弟子亦為孫舉辦了隆重的追悼活動。保定國術館副館長劉緯祥曰：「今後我無問技之人了。」

孫祿堂一生弟子眾多，遍布海內外。其中著名者有齊公博、孫振川、孫振岱、任彥芝、陳守禮、裘德元、陳微明、支燮堂、劉如桐等。

第二章　孫式太極拳修爲的基本理論

第一節　太極拳身法概要

太極拳是我國特有的武術項目之一，是一種「內外兼修」的運動（內主靜心養性、外主鍛鍊體魄）。它以柔曲為體，以剛直為用；非柔曲不能化，非剛直不能用。體用則為以柔克剛，牽動四兩撥千斤的技擊方法。練此拳時應氣沉丹田，不偏不倚，內外相合，千萬不可用拙力，應以意行力，意到力到。

關於太極拳的練法，先父常說：郝為真先生談練太極拳有三層意境，初練時，如身在水中，兩足踏地，動作如有水之阻力。第二層則如身在水中，兩足浮起，如泅者浮游水中，能自如運動。第三層則身體輕靈，兩足如在水面上行走，臨淵履冰，神氣內斂，不敢有絲毫散亂，此則拳成矣。

太極拳的姿勢、動作，都有一定要領，並各有其意義。茲摘要介紹如下。

頭：

頭要上頂，但不可用力。下頷自然收斂，頭項正直，精神貫注。全身鬆開，頂、蹬、伸、縮皆用意，而不用拙力，心自虛靈。即所謂虛靈頂勁。

口：

口要虛合，舌頂上顎，用鼻呼吸。

胸：

胸要含蓄，不可挺出。胸含則氣沉丹田，胸挺則氣湧胸際，上重下輕，腳跟漂浮，為拳家所忌。胸含則氣巾於背，力由脊發是為真力。以上即所謂含胸拔背。

肩：

兩肩務要鬆開，下垂。切忌聳肩，否則氣湧於上。

肘：

兩肘要向下鬆垂，兩臂自然彎曲。即所謂曲中求直，蓄而後發之意。

手：

五指張開，塌腕，虎口略圓，手心略內含，如抓抱一圓球之狀。

腰：

腰必須塌住。因腰是全身動作之樞，力量之源。人之旋轉、進退、虛實變化全靠腰勁貫穿。

腿：

兩腿彎曲，務必分清虛實，即身體重心要放在一腿上。如身體重心移於右腿，則右腿為實，左腿為虛。反之，左腿為實，右腿為虛。分清虛實為太極拳之要義，運動起來轉動輕靈。否則邁步重滯，易為人所牽動。

呼吸：

所謂氣沉丹田（臍下 10 公分處），就是指深長之腹式呼吸。但切勿用力往下壓氣，一定要使呼吸純任自然。

意與力：

太極拳的特點之一是用意不用力。因太極拳要求用活力，全身要鬆開，不使分毫拙力滯留於筋骨血脈之間。要求極柔軟而極堅剛，極沉重而極靈活。意到力到，運用自如。

倘用拙力則遲滯不靈。力浮於外就不符合太極拳的要求了。所謂用意不用力，何以活力自主？蓋因意之所至氣即至，如是氣血流注，日日貫輸，周流全身經絡，無時停滯。久練則真正內勁即可產生。

動與靜：

氣功的靜坐是靜中求動，拳術是動中求靜。練拳時心要靜，精神集中，動作才能圓活。

以上分別論述了運動要領。但學者務必注意，太極拳是一項全身性運動，所練在神。精神為主帥，身體為驅使；精神能提得起，舉動自能輕靈。心意與形體動作協調一致，方能內外相合為一。練時必須注意上下相隨，身體各部完整一致。如有一處動作不整，就會使神氣散亂。再者練拳時要以意行力，相連不斷，「如長江大河，滔滔不絕」。運動如抽絲」，即此意也。

為便於讀者記憶，現把這些要點編成口訣如下：

太極拳本內家拳，不用拙力意當先。
虛靈頂勁神貫注，下頦收回即自然。
含胸自然能拔背，切莫形成「羅鍋肩」。
練時沉肩又墜肘，肩聳肘懸不是拳。
塌腰能使全身力，腰不塌住靈活難。
兩腿彎曲分虛實，太極要意在裡邊。
呼吸下沉丹田穴，純任自然莫強牽。
上下相隨成一體，動作綿綿永相連。
動中求靜靜中動，練時神氣務周全。
切記要點莫遺忘，持久習練益自顯。

第二節　孫式太極拳的特點

孫式太極拳最基本的特點是融合形意、八卦、太極三家拳術之精髓，一以貫之，純以神行。

具體地說，就是透過「九要」以求陰陽互濟，「內外中和」為基礎，在身體動作的變化過程中，由「先後天八卦相合之理」，順中用逆，逆中行順，以求動中之靜之妙和起鑽落翻之勢。在身體動作的每一時刻，由形意之樁步以求內外六合（心與意合、意與氣合、氣與力合、肩與胯合、肘與膝合、手與足合），從而蘊育至大至剛、一觸即發之本能。因此，身體動作要鬆柔協調之至，所謂極盡柔順。非如此，不能得中和之妙。身體移動之水平方向，要進退相隨，邁步必跟，退步必撤。無此一「跟」、一「撤」，則難以極盡動中求靜之靈。身體移動之垂直方向，要上下無起伏，如水漂落葉，即不偏不倚，不上不下，邁步如槐蟲，跟步如扛物。非如此，不能將形意之樁步寓於動步之中，極盡一觸即發之本能。

此外，轉身必以開合相接。於體言之，由此可啟發各式中之圓研開合之理，從中體驗內氣之上升下降，勁意之起落鼓蕩。一動無不動，一靜無不靜，周身無處不開合。於用言之，則由轉身之始，內氣下行，在外為合，合中寓開，蓄勢待機，不予敵可乘之機。並又於圓研之中，開中寓合，蘊以太極之陰陽互濟，變化無方之妙。故轉身以開合相接，其意深焉。

孫式太極行拳之內意要不尚血氣，純任自然，重在養神，專注於一，以求神氣合一，內勁中生。先父孫祿堂云：

「拳術一道，首重中和，中和之外，無元妙也。」故以上所述各項特點及要求，其核心不過是「中和」二字而已。此即孫式太極拳之基本特點。

需要說明的是，內勁者生於中和，而中和源於身體內外系統之和合。於內，則生於五臟之相和，行於經絡之暢通。於外，則生於身體動作之中而不倚，動而若靜，協調一家，行於起鑽落翻之循環鼓蕩。然而內外和合，則需得其契，不得其契則內外不能相合，內外不合，則內勁難成。其契為何？內外八卦（即先後天八卦）相合之理耳。故內外相合方可稱拳，練拳即修為內勁。

孫式太極拳乃是依易學，參丹經，基於先後天八卦相合之理所創之拳，故能使人內外和合於一，培養一派中和之氣——至純至善之內勁。此即孫式太極拳特點之基礎。

關於「先後天八卦內外相合之理，」先父在《八卦拳學》一書中已有詳述。在此不再贅述。

第三節　孫式太極拳的修為機理

孫式太極拳是一種修為和完善人之身心的拳學體系。孫式太極拳遵從老子的哲學思想，從無為而始以達致無不為。具體地說，就是透過恬淡虛無這種心理暗示，以求得初步的心理穩態（即一種寡慾、無慾的心態），並以此為基礎，由孫式太極拳的鍛鍊達致生理機能穩態水準的提高。最後，由於心理穩態與生理穩態之間的相互啟發，循環共進，達致人之心理、生理適應機能的雙重完善，即所謂完善人之身心、變換人之氣質的最終目標。

所謂技擊，不過是人與人之間的一種相互作用。當人之身心的適應能力漸臻完善時，自然能適應這種相互作用，故能產生「不求勝於人，而神行機圓人亦莫能勝之」這種能力。因此，孫式太極拳是由提高人體身心系統的穩態水平，來漸臻完善人體身心系統的適應能力的。當人之身心真正能達到恬淡虛無——無慾這種自然狀態時，人體系統的穩態則與宇宙場之基本穩態同一，從而導致人之身心的適應能力達致完善。

孫祿堂先父所講的「與天地並立，與太虛同體」，就是此等境界。此時則拳與道合，無為無不為，這就是孫式太極拳修為的機理。

第四節　孫式太極拳修為的基本方法

一、孫式太極拳進階步驟

孫式太極拳是以修心養神為基礎，並將此貫穿於站樁、盤架、推手、大捋、散手等過程中，來完成練形生精、練精化氣、練氣化神、練神還虛、練虛合道諸進階層次。

二、修心之要

孫式太極拳修心之要僅八個字而已：「恬淡虛無，漸修靜悟」。這八個字是修為孫式太極拳最為重要的基礎，需認真領會，身體力行，否則，即使在拳技上已有了功夫，也如沙丘之閣。常見高功夫者而早衰，其因就是於修心一道，未能按此八個字去身體力行。那麼，什麼是「恬淡虛無，漸修靜悟」呢？

首先，這八個字是一個不可分割的整體。前四個字是心態和條件，後四個字是行動和目的。我們追求恬淡虛無這種心境，正是為了使我們能夠做到漸修的持之以恆，並在這漸修中能淡化諸欲達致靜悟。悟者何？拳與道合耳。先父對入門弟子總是說：「若想打天下第一，請另尋高明，若要修心健體防身，吾之所授，綽綽有餘。」先父此訓之目的，就是誘導學生建立正確的修為心態，非如此，不能學好太極拳。非如此不能真識太極拳。

其次，無論是站樁、盤架子，還是推手、大捋、散手，都要將「恬淡虛無、漸修靜悟」這八字法則的精神貫穿進去。這在下面的論述中將會逐一談到。總之，其精神實質就是老子「無為而無不為」這一遵從自然道的思想。

三、站樁之要

修為孫式太極拳，最基本的樁功為兩種功法，一曰：「無極式」，一曰「三體式」。下面分述之。

「無極式」之練法：起點面向正方（早晨要面向東方）。身體直立，兩手下垂，兩肩不可向下用力，下垂要自然，兩足為90°之形式。兩足尖亦不用力抓扣，兩足後跟亦不用力蹬扭，兩腿似直而曲，身子如同立在沙漠之地。手足亦無往來動作之節制，身心未知開合頂勁之靈活，但順其自然之性，流行不已。心中空空洞洞，內無所思，外無所視，伸縮往來，進退動作，皆無徵兆。身體內外之情景，如同雨天屋檐下之流水，似直而曲，如沐如浴。

以上為「無極式」之練法。此式的鍛鍊，在於恢復習者天然之性，啟發習者先天一氣之源。技擊不過是極盡個性伸張與發揮之形式。故「無極式」為百形之母，萬法之基。

「三體式」之練法：兩手相抱，頭往上頂，開步先進左

腿。兩手徐徐分開，左手往前推，右手往後拉，兩手如同撕綿之意。左手直出，高不過口，伸到極處為度。拇指要與心口平，胳膊似直非直，似曲非曲，惟手腕至肘，總要四平為度。右手拉到小腹肚臍下，拇指根裡陷坑，緊靠小腹。左足與左手要齊起齊落，後足仍不動。左、右手五指俱張開，不可併攏，左手拇指要橫平，食指往前伸，左右手拇、食指虎口皆半圓形。兩眼看左手食指梢。兩肩根鬆開均劑抽勁，兩胯裡根亦均齊抽勁，是肩與胯合也。兩肘往下垂勁，不可顯露，後肘裡屈，不可有死彎，要圓滿如半月形。兩膝往裡扣勁，不可顯露，是肘與膝合也。兩足後跟均向外扭勁，不可顯露，並與兩手互拉相應，是手與足合。此之謂外三合。

肩要摧肘，肘要摧手，腰要摧胯，胯要摧膝，膝要摧足。身體仍直立，不可左右歪斜。心氣穩定，則心與意合。意要專凝，則意與氣合。氣要隨身體之形式自然流行，不可有心御氣，則氣與力合。如此，則陰陽相合，上下相連，內外如一，此之謂六合也。雖云六合，實則內外相合。亦即陰陽相合，三體之內勁因此而生。

以上為「三體式」之練法。此式之效在於使人內外相合，培育內勁，所謂「三體重生萬物張」，實為拳術之總機關也。惟需注意的是，初練「三體式」時，後腿極為吃力，此時尤須堅持，越感吃力，心氣越要平靜，身體上下其他各處越要放鬆，後腿越要蹬住勁，不可將重心前移而使前腿分擔。吃力時維持心靜、形鬆、而目安詳，是練通此樁之關鍵，也是習者最難以做到的。

四、盤架之要

學習孫式太極拳，在技術上首先要了解掌握孫式太極拳走架的意義、要求和特點。

孫式太極拳盤架的意義，是由防式太極拳架這一運動形式，使習者從中體味周身內外的虛實轉換、開合鼓蕩、動中求靜、變中求整、陰陽互濟的基本規律，並最終將這些規律中和為習者自身的機體本能，達致內外合一、神氣合一、內勁中生。

孫式太極拳為了使習者在盤架上獲得如上意義，故對盤架有如下要求：

1. 要求內意如行雲流水，綿綿不斷，形斷意不斷，式停意不停，純以神行，循環無間。

2. 要求運動形態要鬆、整、勻、輕、靜。即關節、筋肉要鬆柔協調，不得較勁，板勁。身形構架要整，即始終不離內外六合之要。速度要勻，其動若靜，身體重心變化不露於形。起落要輕，起似沉，落似提，起鑽落翻內中行。勁意要靜，似靜水流深、滲之遙遙。不可沖、炸、震、搗。

3. 要求身體狀態要以「九要」為規範。「九要」者即塌、提、扣、頂、裹、鬆、垂縮，起鑽落翻分明。

塌即塌腰、塌腕；提即提肛（此意微微）；扣即扣肩、扣膝；頂即頂頭豎項、舌頂上顎；裹即裹膝、裹胯、裹肘；鬆即鬆肩、鬆胯；垂即垂肩、垂肘；縮即縮肩根、胯根；起鑽落翻分明即頭頂而鑽，頭縮而翻，手起而鑽，手落而翻，腳起而鑽，腳落而翻，三者要協調一致。起時外形為鑽而內氣下潛，落時外形為翻而內氣自脊而上直貫兩掌手指。故所要分明者是內氣與外形的虛實互換、陰陽互濟。

須注意，上述「九要」是一個相互有機協調、規範身體形態的整體原則，不可將「九要」諸原則相互割裂對立起來。

此外，對初學者而言，最為重要的是頭。頭為諸陽之會，精髓之海，督、任兩脈交會之點，統領一身之氣。此處不合則一身之氣俱失，故須不偏不倚，不俯不仰，頂頭豎項。其次為足，足能載一身之重，靜如磐石、山岳，動如舟楫、車輪，兩足始終要虛實分明，身體重心之移動只在兩腳足心之間。再則，腰為軸心，居一身之中，帶動肢體活動的是腰，腰如車輪之軸，所以要刻刻留意在腰際，以腰引動。

由此可見，初習者在掌握「九要」時，應首先從頭、足、腰三處入手。

4. 要求掌型、五指自然張開，掌心內凹，手掌如抱球狀。

以上所述為孫式太極拳在盤架中的四個方面的原則要求，並以此構成孫式太極拳盤架的特點。故須結合本書圖解說明反覆揣摩之。

五、推手之要

學習孫式太極拳之推手，首先應明確推手的目的和功效。

由前述已知，盤架是將神氣收斂於內，混融而為一，是太極之體。推手是以八勢含五行諸法，動作流行，使神氣形布於外，化而為八勢太極之用。先父云：「有體無用，弊在無變化，有用無體，弊在無根本。所以體用兼該，乃得萬全。」所以推手的目的，是使習者在盤架的基本上能體用合一，由此而完善人之心理、生理機能，進而悟道。所謂「以操手練用工純，能以手足靈活，引進落空，牽動四兩撥千斤，神氣散布而為十三勢。至此時，血氣之力自消，神妙之道自至矣」。

關於推手的效用，先父云：「人之動靜變化，誠偽虛實，機關未動，而我可預知，無論他人如何暗發心機，總不能逃我之妙用。妙用為何？即打手之招法，掤捋擠按，採挒肘靠八法也。總以掤捋擠按四手，為打手根基四手。故先以掤捋擠按四手常常練習，須向不丟不頂中求玄妙，與不即不離內討消息，習之純熟，手中便有分寸，量彼勁之大小，分厘不錯，權彼勢之長短，毫髮不差。前進後退。處處恰合。以後採挒肘靠四法，以及千萬手法，皆由掤捋擠按四法中之變化而出，至於因熟生巧，相機善變，非筆墨所能盡，此不過略言大概耳。」

其次應明確孫式太極拳推手的原則和特點。

其實，推手本無定法定則，兩人推手，乃是相機而變的一項活動。這裡所談之原則，乃是針對初習者而言，以使其得以入門之徑。

初習推手時的原則為：心要靜，神要凝，形要鬆，氣要順，兩足要虛實分清。初習時要只化不發，專注於不丟不頂，粘連黏隨，以練聽勁為要，以練捨己從人，與彼處處恰合，周身協調一致為本。

久之，身氣血和順，內外一致，內勁自生。與人推手時，能不意而發，將彼發出而自己尚且不知時，方可用心體悟此種發勁之妙。遂將神氣散布周身，將彼完全攝於我之神氣之中。至此則可處處預知彼之用勁。

故初習推手時，以練聽練化為要。練聽練化，就是高級層次的盤架，其與站樁、走架有異曲同工之妙，皆為生成內勁之方法。因此，在初步推手時，要貫注於「聽」「化」之巧妙，不可為爭一時之短長而用強，否則會捨本求末，功夫難以進階。

孫式太極拳推手的特點是：

一曰「中」。這個「中」有三層意思，其一是守中，即不論自己如何騰挪變化，重心要不偏不倚，虛實轉換於自身的穩定範圍之內，不失於中。其二是取中，即雙方一搭手，就要即刻掌握住對方的重心，在不即不離中要隨化隨進，進於何？粘定彼之重心也。其三是適中，即無論是進、是奶、是化、是發，均要適度，機之把握，量之大小，處處與彼恰合。故須足胯靈活。

二曰敷。敷也有三層意思，一是聚神於彼之重心，使我始終能掌握彼之重心變化。二是，攝神於彼之精神，此時即使彼重心未動，然而只要其心念一動，我亦能有所察知。三是敷神氣於彼之周身，使彼頓感呆滯不靈。然而此等用法，非需我之神氣合一、內勁精純不可。

三曰整。整有兩方面的意思，其一是要周身協調一致，混融一體。推手中要一動無不動，一靜無不靜，氣勢鼓蕩。其二是周身始終不離六合。雖為柔化之中，周身內外亦不能失六合之要，而是要曲中寓直。故孫式太極拳在推手中是由鬆肩、鬆胯來主宰自身虛實陰陽之變化。

四曰活。孫式太極拳推手練至高級階段有大捋一法。此大捋不同於由採挒肘靠組合而成的四隅練法。此為兩人對練，搭手即捋即走，兩人走中亦可互換。此需有很好的八卦拳走圈基礎。走時須兩胯放鬆，重心上下無起伏。走時之要為動中求靜，雖為移動之中，兩足兩胯虛實變化要自然，搭手要不離不即，不丟不頂，身體內外六合不散。靈活多變無定法。

五曰空。太極拳之特點，「空中」也，所謂引進落空。若要引進落空，須使彼覺著能取我中，然而一經粘身發勁，始覺走空。故太極拳之變化須隱蔽，走暗圈轉換虛實不見其形。走手練習，即從根節練起，一身之虛實轉換俱從根節開始。何為根節，兩胯之根與尾椎之根構成一身之根節，一身之鬆轉開合，由此而發也。此為「空中」之第一層意思。至若習者能練至神氣合一，內勁精純，則可身體不動而重心已動，所謂周身無處不是重心。至此方可稱得著「空中」之精義也。

以上五點，「中」「敷」「整」「活」「空」，其核心就是「中和」二字。其根基不過是「神氣合一」。其道理乃是直承「無為而無不為。」

孫式太極拳推手之一般步驟是，先練定步手，練四正推法，繼而四隅推法。然後活步推手（順步推手、合步推手）。最後是大捋隨至技擊。

六、技擊之要

技擊本無法，若使有法御以無法，則惟在氣質、本能上下功夫。就習孫式拳推手者而言，若未練出內勁或無不意而發之經驗，則最好於技擊一道駐步，否則將對習者之身心健康無益。即便習者已練出內勁，技擊也僅是檢驗自身修為的一種必要手段，然不可持藝凌人、好勇鬥狠，否則難以進階。

欲修孫式太極拳之技擊，須在套路練習和推手練習中熟習八法，即掤捋擠按採挒肘靠，並能混而用之，既能一式出八法，又能數式皆一法。有此基礎後，尚須知三機、體三能，混融八法為一，多經實戰練習，由實戰中檢驗不順之處，再從盤架、推手中求之。如此循環往復，不計較一時之勝負，全在乎用心求理，則可漸精技擊之術矣。

何為三機？變勢之機，變動之機，發勁之機。當對搏時，在雙方尚未接觸的情況下，我能預知彼之動作變化，並使自身先於對方抱得有利態勢，此謂「變勢之機先於彼」。故雙方未接觸時為變勢之機。

當雙方接觸的瞬間，我若能先於對手發勁於彼之重心上，則謂「發勁之機先於彼」。故雙方接觸之瞬為發勁之機。

當雙方兩勁接定後，此時我若能變勁彼先，使彼勁走空，則謂「變勁之機先於彼」。故雙方接觸中為發勁之機。此上為三機之要。

三能，是指對彼之作用的感應之能，對己之神、氣、形的瞬間協同之能，對彼彼之作用的恰合之能。此三能均以神氣相合為基礎，神氣不合三能則一能不能。所謂混融八法為一，是指出手即是太極，當用何種勁將因彼而變，是一個勁，還是幾種勁混合而出，也將因勢利導。

總之，技擊之要不外乎「意在彼先」及不拘泥於成法，總以隨機應變、感而遂通為至妙。

七、孫式太極拳進階之要

孫式太極拳之最高境界乃是拳與道合。故統而言之，其進階之要惟抱元守一以求中和，虛中以養神耳。分而言之，亦不過神凝、氣暢、筋舒、骨合、形鬆、動中求靜六者。神凝以致氣，氣暢以致勁，勁則行於筋骨寓於形，筋舒則勁長，骨合則勁整，形鬆則勁靈，動靜合一則妙道自生。知此並以盤架推手為本，以技擊散手為末，相互印證，循環往復統於一體，則技可進乎於道。

第五節　孫式太極拳修為中常見錯誤

孫式太極拳修為中常見的錯誤有以下幾種：

1. 錯誤理解孫式太極拳融合形意、八卦、太極爲一的概念

將孫式太極拳走成一手形意、一手八卦、一手太極，時剛、時柔、時快時慢的樣子，這是非常錯誤的練法。

孫式太極拳是融合了八卦拳動靜合一的本質和形意拳一觸即發之本能，但無形意、八卦之外形，更不能以形意、八卦的練法和勁意來練孫式太極拳。孫式太極拳走出的勁意是陰陽互濟的太極勁，其外形要極盡鬆柔連順之致。孫式太極拳各式的承接變化中孕育著形意、八卦的內涵而不是其外表，此點尤須習者注意。

2. 錯誤理解孫式太極拳套路的含義

孫式太極拳套路的含義有兩個方面，其一是開發內勁，其二是蘊寓各種技擊狀況的母式。也就是說，孫式太極拳中每一手都不是技擊的固定招式，而是能夠演化為技擊中千法萬法之總機關。常見一些習孫式太極拳者將拳式中的一些動作當做技擊招式來練習，這是非常錯誤和有害的練法。太極拳追求的是習者自身的協調穩態，故能產生以有法而御無法的技擊之效。此點習者當用心體悟之。

3. 錯誤理解推手在太極拳修爲中的作用和意義

推手的意義，是透過與他人相互作用這樣一種形式，來進一步完善自身的協調穩定的能力，使身體內外中和的程度得以深化。因此，推手不是要把別人推倒，摸人於丈外，而是要在推手中尋求體會如何使自己不失穩、不倒的道理和方

法。隨著各自協調穩定能力的提高，互相作用的劇烈程度也可隨之加強。

太極拳技擊是一個由定步推手、動步推手、四隅推手、太捋再至技擊這樣一個循序漸進的過程。初練推手就想著如何把別人放倒，這是極端錯誤的練法。這種練法也將造成使推手和盤架相脫節，使自己永遠站在太極拳之門外。

太極拳講究力從人借。撲人丈外也好，數丈外也好，都不是發人者的主觀意識，而是被放出者自己造成的結果。此點尤須習者深悟。

4. 對氣的錯誤認識

常見習太極拳者相互問有無氣感。有，則洋洋自得，以為已進乎太極拳之三昧。沒有，則內心焦急，或於行拳中腹內鼓氣，或口中噓氣，皆大謬也。

真氣，非我們日常所呼吸之氣，乃是拳架盤走正確後，習者身體內外相合，由此在習者體內產生的一股能量流，給人的感覺與氣相仿，故以「氣」字表達之。心越靜，則此氣越為充盈。若有心御氣，則氣反奔騰，即紊亂也。故氣感也罷，麻感也罷，脹感也罷，相吸之感也罷，皆屬皮毛之相也，不可過分追求，應聽之任之，以靜心求中和為要。否則將本末倒置，甚至走火入魔。

5. 用「神」不當

練太極拳貴在神聚，精神高度集中，不使之散亂。故神要內守，或食指梢，或身體其他某一處，總之，要與拳式之運作相合。常見初習太極拳者用「神」不當，或精神散亂，左顧右盼，或精神張揚宣泄於外，此皆謬也。精神散亂，必神氣不能相合，內勁無望矣。精神外張，久則自靡，更無從得以內勁。故須精神內守，含而不露，養神於一。

6. 不明內勁

何謂內勁？神氣合一而已。隨著練精化氣、練氣化神、練神還虛、練虛合道，神、氣耦合愈為協同、有序，內勁漸純。故內勁是習者身心有序協調達致中和時，機體產生的一種潛能。常見習拳者或從腹中求之，或從腰中求之，或從胸中求之，或哼或哈皆不得其所。內勁無聲、無嗅，無形無跡，無一定之處所，惟有求中和以致神氣合一，方可得之。鼓動小腹、抖動腰身、搶肩縱胯皆可謂之發力，然皆非內力也。

7. 或散或僵

散、僵二者，為初習太極拳者之通病。散則周身不整，病根全在頂項未能豎起、腰胯未得下塌、肩胯之根未能抽住之故。頭頂與尾椎骨之根未能互逆相撐，身軀自然不整。肩胯之根未能抽住，四肢與身軀必不能相合。故此為散之病源也。僵則轉換不靈，病根全在足胯上。兩足未分清虛實，必然移動不靈。兩胯未能鬆開，必然上下難隨、虛實難換。故此為僵之病源也。所以，豎項塌腰抽住肩胯之根與足分虛實兩胯鬆開為去此二病之良方。

8. 不合於步

孫式太極拳為活步太極拳，要求進退相隨，邁步必跟，退步必撤。故難度較大，不易掌握。尤其是跟步的時機要掌握得準確，確非易事。常見初習孫式太極拳者不是跟步跟得較遲，使跟步演成拉步，就是跟步跟得較急，於是身體有前仰後俯之勢。要克服此種毛病，關鍵是要在跟步中求以中和。即當邁步後身體重心前移，將及而未及前腳之腳跟時，跟步，同時由腰胯牽帶身體有向後移動之勢，前腳回搓（回蹬），後足亦即落地，重心即落於後足上。此時身體由腰、

胯處分為二節，前後互逆，故能動中有靜，重心不失於中，所謂順中用逆。退步時亦如此，全在足胯相合，虛實分清。故順中用逆以求中和，為走架中身體與足相合之訣竅。

第三章　孫式太極拳傳統套路（九十七式）

第一節　孫式太極拳簡介

孫式太極拳是列入國家正式比賽套路的四式（孫、陳、楊、吳）傳統太極拳之一，也是半個世紀以來影響最為廣泛的太極拳流派之一。

孫式太極拳是由孫祿堂先生所創。他所創立的孫式太極拳，能將修心、健體、防身這三者高度融合為一，技術體系科學合理，並具有以下五大特徵。

1. 遵從老子「無為而無不為」的思想，以恬淡虛無的心態，蓄神以求中和，自然開發人體中和之氣——神氣合一之內勁，使習者從中完善身心本能，開啟大慧。

2. 以《易經》為指導，由無極而生，太極而始，以三體式為基，內運五行，外演八卦，渾融一體，使拳式之承接變化合於易理，使習者產生先後天八卦相合之效。

3. 以丹道修為作為進階基礎，並融會貫穿於每一拳式之中，求以透過拳式產生動靜合一之效，使技通於道。

4. 以「順中用逆、逆中行順」為行拳之總綱，並精練出行拳的「九要」法則，從而涵蓋了《易筋》《洗髓》兩經之精義，求以由拳式產生內外合一之效。

5. 該拳拳式至簡易學，而每一拳式之內意至深。主張不求呼吸，以致真息，式正氣從。以形意拳之三體式為整套拳架之基礎，要求重心上下無起伏，始終在一個水平面上運動，培育體內一觸即發之本能。

以八卦拳之進步必跟、退步必撤作為該拳之基本運動形式，要求重心始終在兩足上交替變換，利用重心的連續變化協調、渾融周身的虛實、陰陽，求中和而達至靈、至空。故該拳既有形意拳之整實猛烈，又有八卦拳之靈活巧變，並將此融蓄在太極拳的柔順中和之中，使之相輔相成，相得益彰。使習者逐漸產生極盡猛烈整實之能，極盡靈活巧變之能，極盡柔順空化之能。

孫式太極拳是形意、八卦、太極三拳渾融昇華後之結晶，是近代拳學發展的至高成就。

第二節　孫式太極拳傳統套路（九十七式）動作名稱

第一式　起勢
第二式　懶扎衣
第三式　開手
第四式　合手
第五式　單鞭
第六式　提手上勢
第七式　白鶴亮翅
第八式　開手
第九式　合手
第十式　摟膝拗步（左式）
第十一式　手揮琵琶（左式）
第十二式　進步搬攔捶
第十三式　如封似閉
第十四式　抱虎推山
第十五式　開手（右轉）
第十六式　合手
第十七式　摟膝拗步（右式）
第十八式　懶扎衣
第十九式　開手
第二十式　合手
第二十一式　單鞭
第二十二式　肘下看捶
第二十三式　倒攆猴（左式）

第二十四式　倒攆猴（右式）
第二十五式　手揮琵琶（右式）
第二十六式　白鶴亮翅
第二十七式　開手
第二十八式　合手
第二十九式　摟膝拗步（左式）
第 三 十 式　手揮琵琶（左式）
第三十一式　三通背
第三十二式　懶扎衣
第三十三式　開手
第三十四式　合手
第三十五式　單鞭
第三十六式　雲手
第三十七式　高探馬
第三十八式　右起腳
第三十九式　左起腳
第 四 十 式　轉身蹬腳
第四十一式　踐步打捶
第四十二式　翻身右起腳
第四十三式　披身伏虎
第四十四式　左起腳
第四十五式　轉身右蹬腳
第四十六式　上步搬攔捶
第四十七式　如封似閉
第四十八式　抱虎推山
第四十九式　開手（右轉）
第 五 十 式　合手
第五十一式　摟膝拗步（右式）
第五十二式　懶扎衣
第五十三式　開手
第五十四式　合手
第五十五式　斜單鞭
第五十六式　野馬分鬃
第五十七式　懶扎衣
第五十八式　開手
第五十九式　合手
第 六 十 式　單鞭
第六十一式　右通背掌
第六十二式　玉女穿梭
第六十三式　懶扎衣
第六十四式　開手
第六十五式　合手
第六十六式　單鞭
第六十七式　雲手
第六十八式　雲手下勢
第六十九式　金雞獨立
第 七 十 式　倒攆猴
第七十一式　手揮琵琶（右式）
第七十二式　白鶴亮翅

第七十三式　開手
第七十四式　合手
第七十五式　摟膝拗步
第七十六式　手揮琵琶
第七十七式　三通背
第七十八式　懶扎衣
第七十九式　開手
第 八 十 式　合手
第八十一式　單鞭
第八十二式　雲手
第八十三式　高探馬
第八十四式　十字擺蓮
第八十五式　進步指襠捶
第八十六式　退步懶扎衣
第八十七式　開手
第八十八式　合手
第八十九式　單鞭
第 九 十 式　單鞭下勢
第九十一式　上步七星
第九十二式　退步跨虎
第九十三式　轉角擺蓮
第九十四式　彎弓射虎
第九十五式　雙撞捶
第九十六式　陰陽混一
第九十七式　收勢

第三節　孫式太極拳傳統套路（九十七式）動作圖解

第一式　起　勢

動作一

身體直立，兩手下垂，兩肩放鬆；兩足尖分開 90°；眼向前平視，心靜，稍停（圖 1）。

圖 1

動作二

右足尖翹起，以腳跟為軸。半面向左轉，與左足成 45°；同時身體稍左轉，面向左斜前方。

眼平視（圖2）。

【要點】

全身放鬆，塌腰，但不可僵挺。舌頂上顎，呼吸要自然。

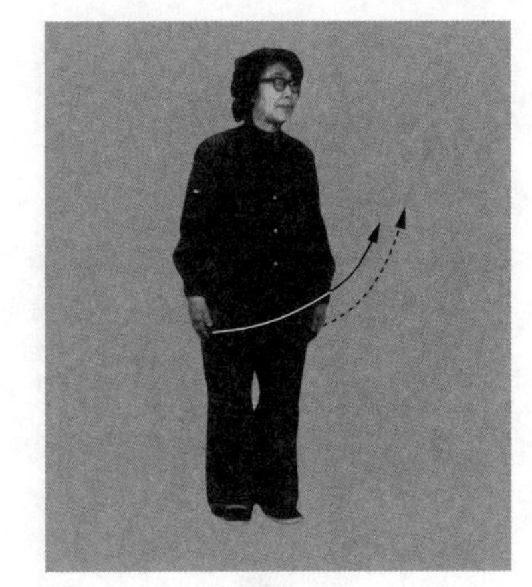

圖2

第二式 懶扎衣

動作一

兩臂向前上方慢慢舉起，高與肩平，兩手心相對內含，相距約 18 公分，指尖向前如抱球狀；兩腿不動。眼看兩手中間（圖3）。

動作二

兩手下落至腹前；同時兩腿慢慢彎曲，左足跟隨著慢慢提起（圖4）。

圖3

圖4

圖5

圖6

動作三

左足向前邁步，足跟先著地；同時兩手向上、向前慢慢伸出，兩手仍如抱球狀，胳膊略彎曲；右足隨兩手伸出向前跟步至左足踝內側，相距約 10 公分，腳尖著地。眼看兩手中間（圖 5、圖 6）。

動作四

兩手平著往右移動，轉至面向正前方時，右手外旋，手心向上；左手內旋，手心向下，扶著右腕向右轉動；同時右足跟落地，左足尖翹起，向右轉動，右足尖隨之向外略擺 90°。眼看右手（圖 7、圖 8）。

動作五

右手向右、向後畫一半圓，左手隨右手轉動，當右手轉至右肩前，前臂直立，手心斜向左再轉向前，左手扶著右腕一起向前推出，兩臂略彎曲；同時右足向前邁出，足跟領先著地，逐漸落實，左足隨即跟在右足的後邊，相距約 10 公分，足尖著地。眼看右手，稍停（圖 9、圖 10）。

圖 7

圖 8

圖 9

圖 10

【要點】

動作要一氣貫串，不可間斷。

【用法】

懶扎衣由掤捋擠按所組成。

①掤，即是架（不是死架硬頂）。對方若用雙手向我撲

來，我雙臂則向上粘住對方的手，向後坐腰撤左步，微微向右轉腰，左手向右拍，右手向右掛，此時對方的力已化去，我應時而發。掤法的奧妙在「粘」，不丟不頂，兩臂如彈簧一般，使對方按著若有若無。掤用雙手，也可用單手，若用單手掤住對方的雙手，則更為得勢。

②捋，對方以手擊來，我以前手按其腕，向後引，後手迅速找其肘。若對方來手高，則兩手上托其臂向後、向下捋，亦可平著向側後方捋。

③擠，即將對方擠出。意在前臂像銼一樣搓住對方的胳膊。若能使其身體側向一旁失去中正，對方胳膊又被我臂裹住，貼於身體不能起而掤架，此時為擠之最佳。擠的用法，是由胸前向前上方斜著擠出。如用得巧妙，可使對方騰空而起。若要擠得上勁，雙臂的裹勁是關鍵，一旦裹住對方，要迅速進步上身，緊緊貼住對方。

④按，若對方向我攻來，我雙手輕輕按住對方雙臂，即時向前撲出。按可用單手、雙手，或開勁，或合勁，因勢而定，但要粘住對方的臂，使其走轉不靈。

第三式　開　手

接前式。左足跟落地，右足尖翹起、向左扣約90°，身體也隨著向左轉；同時，兩手心相對，指尖向上，向左右分開（如抱氣球，球中之氣向外膨脹，開至兩手虎口與兩肩相對），兩手開與肩寬，微停（圖11）。

第四式　合　手

接前式。兩手心相對，慢慢裡合，合至兩手相距與臉同寬時稍停；同時，兩腿彎曲，右足著地，左足跟抬起、足尖

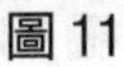
圖 11

圖 12

著地。眼看兩手中間（圖 12）。

【要點】

全身要放鬆，不可有絲毫勉強之力。

【用法】

開合手，若對方自身後用雙手突然抱住我雙臂，我即用肘撐住對方雙臂，速往下按，並順勢向左轉身或向右轉身。

第五式　單　鞭

圖 13

接前式。兩手內旋，如捋長竿一樣，往左右慢慢分開，兩臂成平舉狀態，兩手心向外，掌直立，高與眼平；同時左足向左橫邁一步，腿微屈，右腿微蹬。眼看右手，稍停（圖 13）。

【要點】

上體要直，兩肩要鬆，呼吸要自然，不可用拙力向丹田壓氣。

【用法】

①單鞭是應付左右兩側對手。兩手雖是同時分開，卻要一虛一實。何實何虛，要看對方來勢的遠近。若左手實擊，重心須落在左腿，眼顧右方。同時可走右腳踢右方之敵。

圖 14

②若兩側對手相距甚近，或已摶住我的兩臂，我即用肘撞擊或肩靠，同時另一側腳可踢擊。

第六式　提手上勢

接前式。身體重心移於左腿，隨即左手向上畫弧至前額，手心向外，右手向下畫弧至腹前，手指向下，手心向右；同時右足靠攏左腿，足尖著地，與左足尖相齊，兩腿微彎曲。眼看前方（圖 14）。

【要點】

身體要保持平穩，塌腰。

【用法】

若對方用兩手握住我的兩腕，我兩臂向著相反的方向一上一下同時外擰，必可解脫。若對方距我甚近，則可將虛腿提膝擊向對方腹部。

第七式　白鶴亮翅

動作一

接前式。左手從前額往下至左胸前，肘靠著肋，手心向外；右手從腹前往上提至額上方，手背靠著前額；同時右足往前邁步，足跟著地，兩足相距以不牽動身體重心為合適（圖 15）。

圖 15

動作二

右手往下經臉的右側（似挨非挨）至右胸前，肘尖下垂，手心向外，高與左手相齊，兩手一齊向前推出；同時右足尖慢慢著地，身體重心前移至右腿；左足跟步至右腳內側，足尖著地。眼看兩手中間（圖 16、圖 17）。

圖 16

圖 17

【要點】

塌腰，兩臂略彎曲，稍停。

【用法】

①我用右手擊對方，對方若用左手往下按我右手腕，我隨即進步，右手撤回並向下鬆沉，左手粘住對方的右腕向下採，右手旋轉而上擊其胸或頭。

圖 18

②若對方用雙手擊來，我上下分開對方的手，同時進步用兩手擊其胸。

第八式　開　手

動作與第三式「開手」相同（圖 18）。

第九式　合　手

動作與第四式「合手」相同（圖 19）。

圖 19

第十式　摟膝拗步（左式）

動作一

接前式。左手向右、向下摟至左胯外側，大拇指離胯約 10 公分；同時左腳向左前方斜邁一步；右手外旋，向上、向右下方畫弧並上舉，與右肩同高，手心向上。眼看右手

圖 21

（圖 20）。

動作二

右手向左前方平著推出，臂略屈，塌腕，手心向前；同時右足跟步至左足內踝側，足尖著地，重心移至左腿。眼看右手食指尖，微停（圖 21）。

【要點】

右手前推與跟步要協調一致，右肘要屈，腕要塌。

【用法】

若對方用右拳向我擊來，我用左手往左一摟，右手擊對方的胸部。

第十一式　手揮琵琶（左式）

接前式。兩手五指伸直，虎口朝上；右足向後撤步，足尖領先著地（撤步遠近以不牽動身體重心為宜），隨即全足慢慢落實；同時右手往後拉，左手向前伸，兩肘下垂；左足往後撤步至右足前，足尖著地。目視前方（圖 22）。

圖 22

圖 23

【用法】

若對方用右拳擊來，我右掌接其腕，左手接其肘，順勢捋或擨。

第十二式　進步搬攔捶

動作一

接前式。左手內旋向下、向左摟至肋前，手心向下；右手外旋向上，經左手下向前伸出，手心向上；同時左足往前邁出，足尖稍外擺（圖 23）。

動作二

右手內旋，往右肋前摟回，手心向下；左手外旋前伸，手心向上；同時右足往前邁步，足尖稍外擺著地（圖 24）。

動作三

上動不停。左足往前邁出一步；同時右手外旋，向內變拳，往左手腕上直著打出，拳與胸平，拳眼向上；左手內

圖 24

圖 25

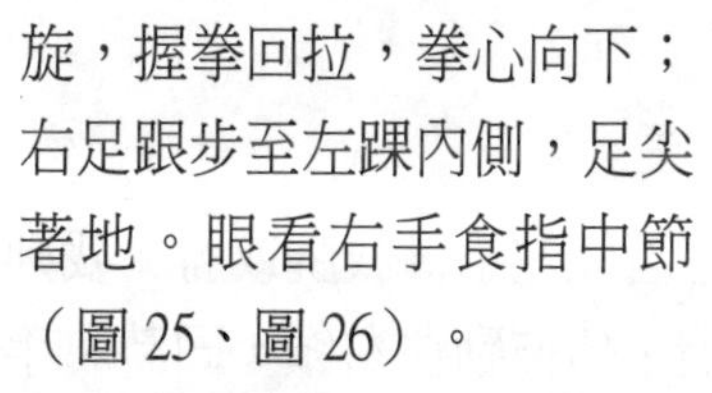

旋，握拳回拉，拳心向下；右足跟步至左踝內側，足尖著地。眼看右手食指中節（圖 25、圖 26）。

【用法】

若對方用左手向我胸部擊來，我用左手扣其腕（虎口向著自己），採住向後、向右捋，同時右手捶向對方擊出。

圖 26

第十三式　如封似閉

接前式。右拳向後抽，左拳從右臂下稍往前伸，至兩拳相齊時變掌，手心均向前；右足在右手收回時往後撤步（撤步的遠近以不牽動身體重心為合適）；隨即兩手與左足同時回撤，左足至右前，足尖著地，兩手至胸前。眼看前方（圖

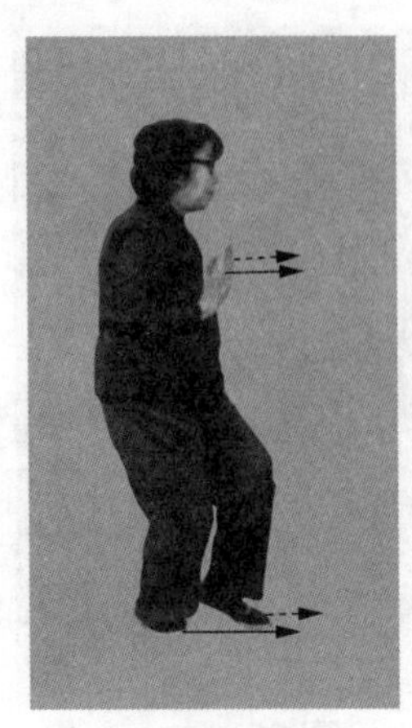
圖 27

圖 28

圖 29

27）。

【用法】

我以右手擊對方某部，對方若以左手橫我腕或肘，我則向後坐腰，左手從右臂外截其腕，隨彼勁往右領，同時右手按其肘部，因勢而發。

第十四式　抱虎推山

接前式。兩手一齊往前推出，高與胸平，兩臂略彎曲；同時左足往前邁步，右足跟步，距左足約 10 公分。眼看兩手中間，稍停（圖 28）。

【用法】

若對方手在內，我手在外，則我向裡裹住對方的手而發；若對方手在外，我手在內，則我用開勁撐住對方的手而發。總之須粘住對方的手，使其不能運動自如，否則只知向前猛撲，必為對方所乘。此式以打在對方軀幹部為最佳。

圖 30

圖 31

圖 32

第十五式　開手（右轉）

接前式。左足尖翹起，向右扣步，隨即身體向右轉約 90°，右足踏實；兩手平著分開，開至兩手虎口與肩同寬，五指張開，微停（圖 29）。

第十六式　合　手

動作與第四式「合手」相同（圖 30）。

第十七式　摟膝拗步（右式）

動作與第十式「摟膝拗步」相同，惟方向相反（圖 31、圖 32）。

第十八式　懶扎衣

動作一

接前式。左手外旋向裡，手心向上，右手前伸，手心向

圖 33

圖 34

圖 35

下，兩手成抱球狀；同時左足向後撤，成 45°著地；隨即兩手一齊往下畫弧至腹前，右足撤至左足前，足尖著地（圖 33、圖 34）。

動作二

右手內旋，左手外旋，上提至胸前，左手扶在右手腕上一齊向前推出，右手心向上，左手心向下；同時右足往前邁出，左足隨著跟至右足踝側，足尖著地（圖 35）。

動作三

隨即左足後撤；同時，兩手平著往後畫一半圓至右肩前，手心向外；身體重心後坐，右足尖翹起（圖 36）。

圖 36

動作四

兩手自右肩前一齊往前推出，兩臂略彎曲；同時，右足尖逐漸著地，左足隨即跟至右足後約 10 公分處。眼看右

圖 37

圖 38

圖 39

手（圖 37）。

第十九式　開　手

動作與第三式「開手」相同（圖 38）。

第二十式　合　手

動作與第四式「合手」相同（圖 39）。

圖 40

第二十一式　單　鞭

動作與第五式「單鞭」相同（圖 40）。

第二十二式　肘下看捶

接前式。左手心向右、拇指向上，右手變拳，屈臂向下經腹前往左肘下伸出，拳眼向上；同時腰帶右足裡扣，左足

圖 41

圖 42

外擺，右足往前跟步至左足後，足尖著地，隨即右足後撤，左足撤至右足前，足尖著地；兩手不動。眼看前方（圖 41、圖 42）。

【用法】

我以左手擊對方某部，對方用捋，此時我即鬆肩墜肘，胳膊向裡裹勁，同時進步用右拳從左肘下擊對方胸部。

第二十三式　倒攆猴（左式）

動作一

接前式。左手內旋，收至胸前，再向左摟一弧線至左胯外側，手心向下，指尖向前，拇指距胯約 8 公分；右手外旋，向右、向下，再上舉至與肩平，手心向上；同時，右足以足跟為軸向裡扣，足尖落實；左足斜著往左邁步，足跟著地。眼看右手（圖 43）。

動作二

右手向左經右口角往前推出，臂微屈，手心向左；同時

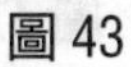
圖 43

圖 44

右足往前跟步至左足後，相距約 10 公分，足尖著地（圖 44）。

【要點】

手足動作要一氣貫串，不可間斷。

第二十四式　倒攆猴（右式）

動作一

接前式。右足跟落地；右手向右斜摟至右胯外側，拇指距胯約 8 公分，手心向下；右足尖翹起，以足跟為軸向裡扭轉踏實；左手外旋；向上與左肩相平，手心向上；同時，右足斜著往右邁步。眼視左手（圖 45）。

圖 45

圖 46

圖 47

動作二

接著，左手向右經左口角往前推出；其他動作均與左式相同，惟方向相反（圖 46）。

【要點】

左右式循環練習，動作次數不拘，但須成偶數。

第二十五式　手揮琵琶（右式）

動作與第十一式「手揮琵琶」相同，惟方向相反（圖 47）。

第二十六式　白鶴亮翅

動作與第七式「白鶴亮翅」相同（圖 48、圖 49）。

第二十七式　開　手

動作與第三式「開手」相同（圖 50）。

圖 48

圖 49

圖 50

圖 51

第二十八式　合　手

動作與第四式「合手」相同（圖 51）。

圖 52

圖 53

第二十九式　摟膝拗步（左式）

動作與第十式「摟膝拗步」相同（圖 52、圖 53）。

第三十式　手揮琵琶（左式）

動作與第十一式「手揮琵琶」相同（圖 54）。

圖 54

第三十一式　三通背

動作一

接前式。右手外旋（手心向上），向下、向後、向上畫弧至前額時，手內旋向下，垂直下按至左脛骨前，距左足尖約 30 公分；左手在右手向右後側畫時，收至胯外側，手心

圖 55

圖 56

向下；左足在右手下按時後撤至右足前，足尖著地，兩腿微彎曲。眼看右手（圖 55、圖 56）。

圖 57

動作二

右臂上舉，手背靠著前額；身體隨著直起，重心偏於右腿；左手從胯側往前伸直，高與胸平，手心向前，塌腕；同時左足向前邁出，兩足距離以不牽動身體重心

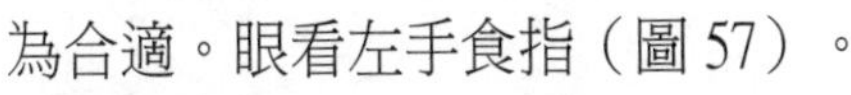

為合適。眼看左手食指（圖 57）。

動作三

左足尖翹起，向右扣約 120°，同時身體右轉，重心移至左腿，右足尖翹起外擺約 120°；左手向上畫弧至前額，右手向前推出，高與肩平，手心向前，塌腕。眼看右手（圖

圖 58

圖 59

58）。

動作四

左手從前額往前伸至與右手相齊，兩手心相對，指尖向前；同時右足撤步至左足正後方並斜著落地（圖 59）。

動作五

兩手虛握拳，往下畫弧至腹前；同時左足撤步至右足前，足尖著地。眼視前方（圖 60）。

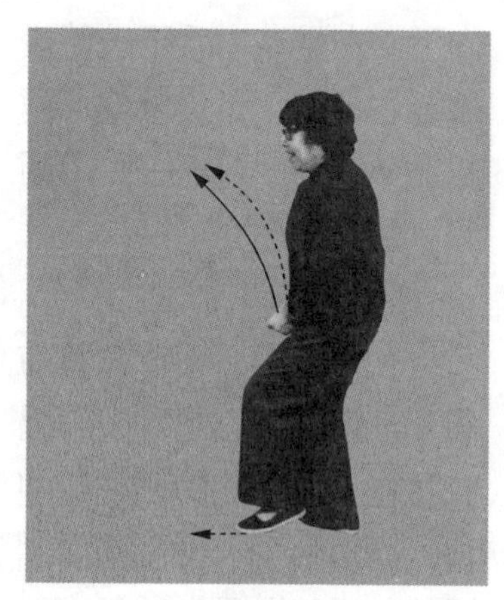
圖 60

動作六

兩拳貼著身體上舉至胸前，再往前上方伸出，高與眉齊；同時左足往前邁步，足尖外擺著地，身體重心仍在右腿，微停；隨即兩拳弧形向下至腹前；右足直著往左足前邁步，足尖著地。眼俯視前方（圖 61、圖 62）。

圖 61

圖 62

【要點】

上下要協調一致，左足撤步至右足前，腰往下塌。

【用法】

①若對方用左手擊來，我用左手截其腕，用右手按其肘，向後撤步下捋。

②若對方用左手擊來，我用左手截其腕，用右手托其肘，扣左腳向右轉腰，從上向後捋出。

③若對方沉肩縮臂，我則繼續轉腰至面向後，右腳撤至左腳後，隨對方手回縮之勢向下、向後捋之。

第三十二式　懶扎衣

動作一

接前式。兩手張開上提（右手手心向上，左手手心向下）至胸前，左手扶在右手上向前一起推出；同時右足向前邁步，左足隨即跟步至右足後，足尖著地，微停即往後撤步；兩手平著往後畫弧至右肩前，手心向外；身體重心後移

圖 63

圖 64

至左腿，右足尖翹起。眼看右手（圖 63、圖 64）。

動作二

兩手自右肩前一齊往前推出，兩臂微彎曲，左手扶右腕；同時右足尖逐漸著地，左足隨即跟至右足後約 10 公分處。眼看右手（圖 65）。

圖 65

第三十三式　開　手

動作與第三式「開手」相同（圖 66）。

第三十四式　合　手

動作與第四式「合手」相同（圖 67）。

圖 66

圖 67

第三十五式　單　鞭

動作與第五式「單鞭」相同（圖 68）。

圖 68

第三十六式　雲　手

動作一

接前式。左手向下、向右畫弧至右腋下，手心斜向下；同時左足向右足靠攏，足尖著地；眼看右手，指尖向上，微停（圖 69）。

動作二

左手向上、向左畫弧至身體左側，手心向左，指尖向上；右手向下、向左畫弧至左腋下，手心斜向下；同時左足向左橫邁一步，足尖微向外斜；右足靠攏左足，在相距約

圖 69

圖 70

10 公分處落下（兩足尖均向左邊微斜）。眼看左手，微停（圖 70）。

動作三

右手向上、向下畫弧，左手向下、向上畫弧；左足向左橫邁一步，右足靠攏左足。如此循環 3 次（見圖 69、圖 70）。

【要點】

在左右手向上畫的時候，掌心均向外，高不過眉。身隨手轉。

【用法】

若對方向左或右擊來，我即轉腰以臂截住，順勢捋出。

第三十七式　高探馬

動作一

接前式。兩手從左向右雲時，左手向下畫弧至胸前，微上提，肘靠身體，虎口向上；右手雲至臉前時，向前方下落

圖 71

圖 72

圖 73

並前伸，虎口向上，高與胸平，兩臂微彎曲；同時左足向後撤步，右足隨著右手向前落地至左足前，足尖著地，與左足成 45°，兩腿微彎曲。眼看右手（圖 71）。

動作二

接前式。左手外旋，手心向上，右手內旋，向裡至胸前，手心向下；兩手心相距約 10 公分，兩手距胸約 6 公分；同時右足尖內扣，足尖著地，與左足尖相對。眼看右手（圖 72）。

動作三

兩手一同擰動，指尖向上，塌腕（與合手姿勢相同）；同時左足跟提起，微向右擰，與右足相齊，微停（圖 73）。

第三十八式　右起腳

動作一

兩手如單鞭式分開；同時右腿抬起，足尖向上，與右手接觸。眼看右手，腰微塌（圖 74）。

圖 74

圖 75

動作二

上式不停。右足落下，微內扣；隨即左足向右足併攏，足尖著地；兩手裡合（與合手式相同）。眼向左看，微停（圖 75、圖 76）。

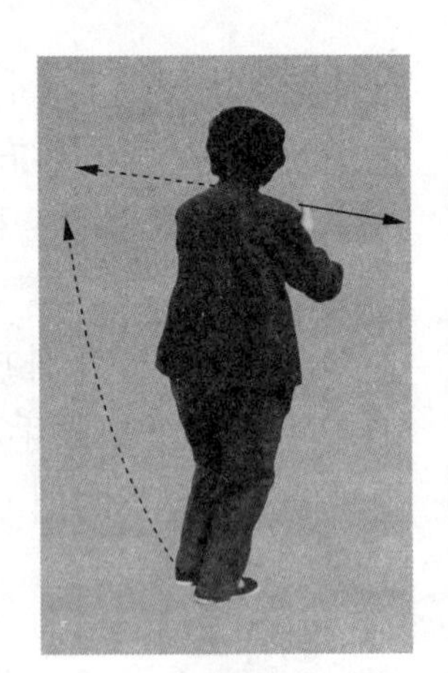

圖 76

第三十九式　左起腳

接前式。兩手如單鞭式分開；左足向左斜前方抬起與左手接觸，隨即落回原處，足尖著地；同時兩手作合手式，微停（圖 77、圖 78）。

第四十式　轉身蹬腳

接前式。右足和身體微向左轉，隨即左足踢起，腳尖回勾向左前方蹬出；兩手分開，手足相交。眼看左手食指（圖 79）。

圖 77

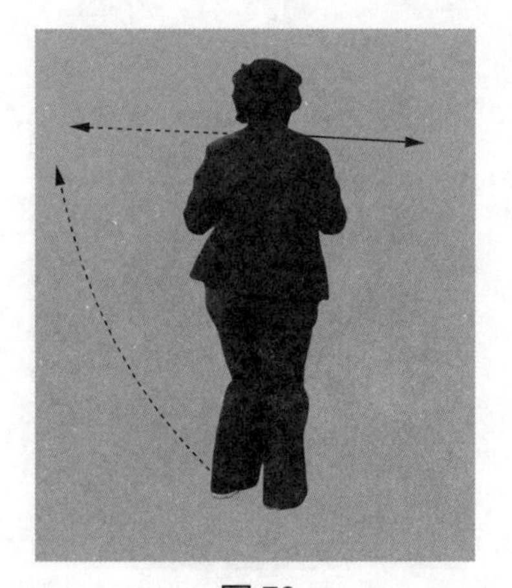

圖 78

第四十一式　踐步打捶

動作一

接前式。左足向前落地，足尖外擺；同時，左手往左胯前摟回，手心向上；右手向下、向前伸出，手心向上，微停（圖 80）。

圖 79

圖 80

圖 81

圖 82

動作二

右足往左足前邁出一步，足尖外擺；同時，左手往前伸出，手心向上；右手回拉至胸前，手心向下，微停（圖81）。

動作三

左足向前邁步，足尖裡扣；同時，左手內旋變拳，向下拉至左胯前；右手外旋變拳，向後、向上、向前畫弧，經前額向左內踝部打出；身體隨著往下，左腿屈膝，右腿微弓。眼看右手（圖 82、圖 83）。

圖 83

【要點】

動作要一氣貫串，腰要塌住，眼隨手動。

圖 84

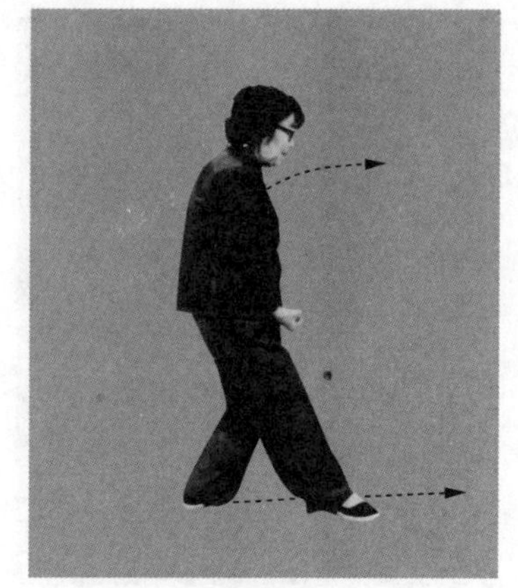
圖 85

【用法】

若對方伏身用手擊我下部（如指襠捶）或摟我左足，我即用左手摟開，右拳自上而下擊之。

第四十二式　翻身右起腳

動作一

接前式。左足裡扣，同時，右拳向上經前額再向前畫弧，拳心朝上；身體隨著往右轉 180°；右拳隨即向下後撤至右胯前；重心移至左腿，右足微外擺（圖 84、圖 85）。

動作二

左手經左胯側向上經面前往胸前下摟至外側；同時，左往前上步，足尖略向外斜；右拳向前伸出，拳心向上，伸至極處；右足提起往前踢出；右手變掌，手心向下、向右腳面拍擊，高與胸平。眼看右手（圖 86、圖 87）。

【用法】

若對方自右擊來，我即向右轉身，用右手截對方的手，

圖 86

圖 87

隨即左腳向對方踢去，與左腳落地的同時起右腳踢擊，所以稱為「二起」。

第四十三式　披身伏虎

動作一

接前式。右足撤步至左足後；同時左手向前伸出，兩手心相對，如抱球狀；腰往下塌，微停（圖88）。

圖 88

動作二

左足後撤一步；兩手變拳，往下回拉，經左胯側往後、往上、再往下畫至腹前，微停；同時，右足尖翹起向左擺直，左足

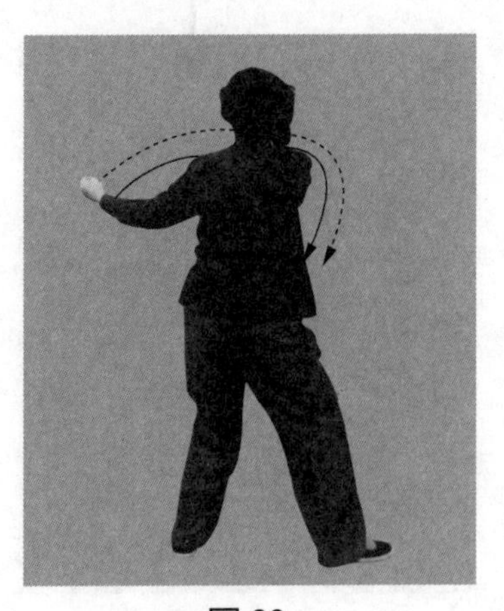

圖 89

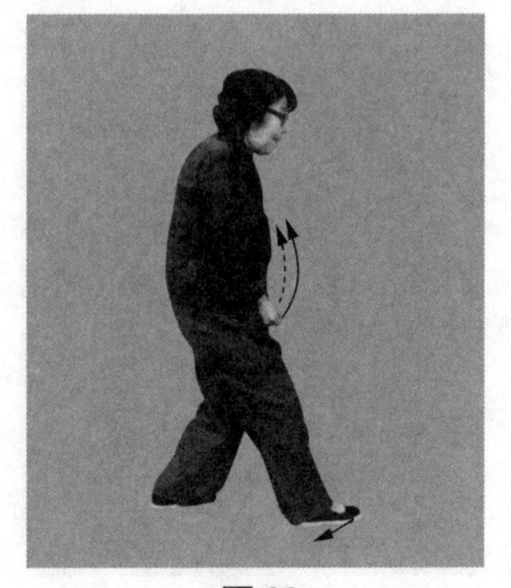
圖 90

稍內扣（圖 89、圖 90）。

【要點】

兩手拉回不停。

【用法】

若對方用雙手握我雙腕，我撤步向左、向右轉腰抱雙臂解脫。此式亦是一種摔法。若對方握我雙腕，或我握住對方雙腕，我向後撤右足，向後、向下引對方的雙臂，然後扣左腳向右轉身，雙手向上抱至頭上，使對方的雙臂從我左肩經過，對方的身體即被我背在背上。

第四十四式　左起腳

動作一

接前式。兩拳變掌，上提至胸前如合手式；同時，右腿略抬起，足尖外擺，斜著落地；左膝微屈，靠近右腿內側，足尖著地，兩腿彎曲。眼看前方，微停（圖 91）。

圖 91

圖 92

動作二

兩手如單鞭式分開；同時，左足向左側抬起與手相觸。眼看左手食指（圖 92）。

第四十五式　轉身右蹬腳

動作一

接前式。左足回收成提膝，身體向右轉 270°；隨即左足下落至右足外側，右足跟提起扭轉與左足尖相對；同時，兩手相合，如合手式（圖 93、圖 94）。

圖 93

動作二

接著，身體微向右轉，右足微外擺；兩手如單鞭式左右分開；同時右足蹬起。眼看右

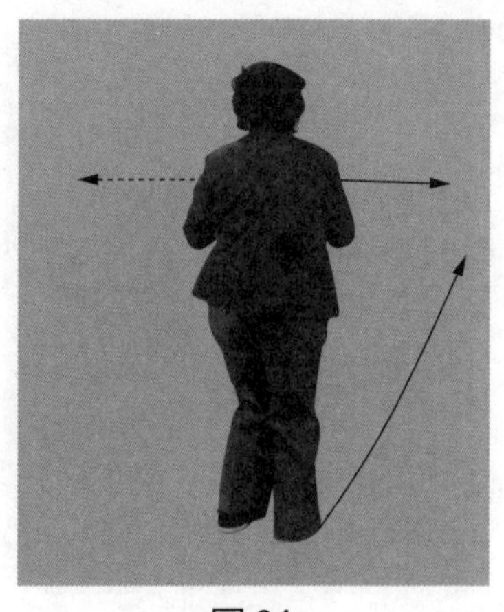

圖 94

圖 95

手食指（圖 95）。

【用法】

若對方用勾拳擊我頭部（單峰貫耳），我抬手截住，同時起腳向對方腹部踢擊。必須手腳齊出方可制住對方。

第四十六式　上步搬攔捶

動作一

接前式。右足下落至左足前，足尖外擺；同時，左手往下、往前伸出，手心向上；右手摟至右肋前，手心向下（圖 96）。

圖 96

動作二

左腳上步，足尖要直；同時，左手內旋，手心向下，隨即兩手變拳，右拳往前打出，

圖 97

圖 98

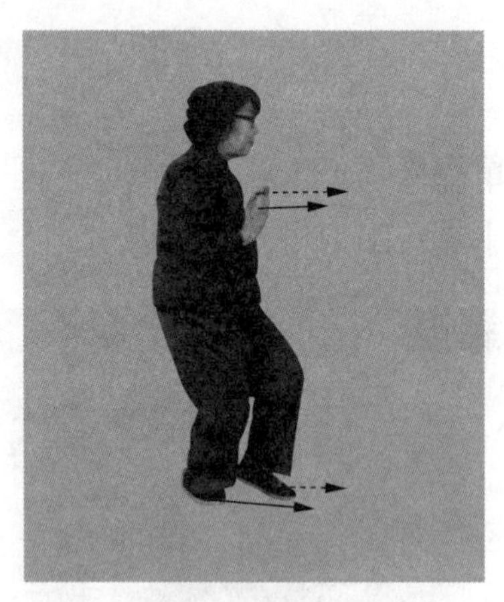

圖 99

圖 100

拳眼向上，左拳收至右肘下，拳心向下；右足跟步至左足後，足尖著地。眼看右拳（圖97、圖 98）。

第四十七式　如封似閉

動作與第十三式「如封似閉」相同（圖 99）。

圖 101

圖 102

第四十八式　抱虎推山

動作與第十四式「抱虎推山」相同（圖 100）。

第四十九式　開手（右轉）

動作與第十五式「開手」相同（圖 101）。

第五十式　合　手

動作與第四式「合手」相同（圖 102）。

第五十一式　摟膝拗步（右式）

動作與第十七式「摟膝拗步」相同（圖 103、圖 104）。

圖 103

圖 104

圖 105

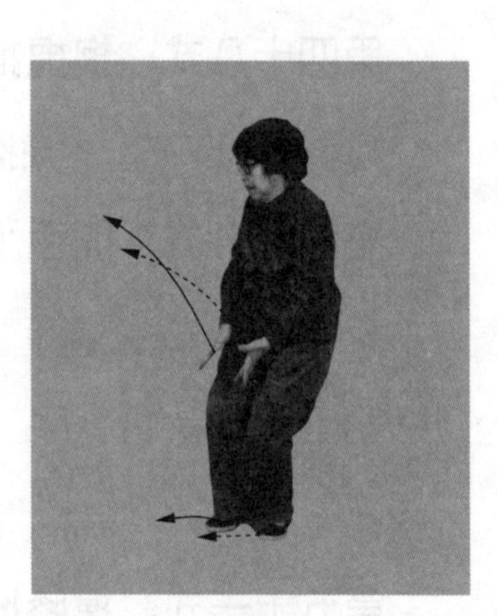
圖 106

第五十二式　懶扎衣

動作與第十八式「懶扎衣」相同（圖 105、圖 106、圖 107、圖 108、圖 109、圖 110）。

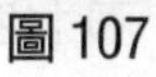

圖 107

圖 108

圖 109

圖 110

第五十三式　開　手

動作與第三式「開手」相同，惟方向向右斜 45°（圖 111）。

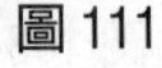
圖 111

圖 112

第五十四式　合　手

動作與第四式「合手」相同，惟方向往右斜 45°（圖112）。

第五十五式　斜單鞭

接前式。左足往左前方邁出，兩手平著分開（圖113）。

第五十六式　野馬分鬃

動作一

接前式。左足向右足靠攏，足尖著地；同時左手向下畫弧至腹前。眼看右手（圖 114）。

動作二

左手向上經腹、胸前再往左畫弧至身體左側；同時左足往左邊邁出，足尖稍往外擺。眼看左手（圖 115）。

圖 113

圖 114

圖 115

圖 116

動作三

右手往下畫弧至腹前，再往上經臉部往右畫弧至身體右側；同時右足靠攏左足（足尖著地，兩足相距約 10 公分）；再向右邁出一步，此時仍恢復單鞭式，但重心偏於右腿（圖 116、圖 117）。

圖 117

圖 118

動作四

左足向右足前邁步，足尖外擺斜著落地，兩腿彎曲；同時，兩臂向腹前畫弧落下（手心微向外，左手在上，右手在下，兩臂微彎曲），兩腿往下、往前交叉；隨即，兩臂抬至額前，向左右分開，各畫一圓至腹前，右手心向上，左手心向下。眼看前下方（圖 118、圖 119）。

圖 119

第五十七式　懶扎衣

動作一

接前式。右足往前上步，隨即左足跟至右足後，足尖落地，微停又後撤；同時，身體重心移至左腿，右足尖翹起；左手扶著右手腕一同前推（右手心向上，左手心向下），再

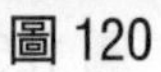
圖 120

圖 121

圖 122

圖 123

向右、向後平著繞至右肩前，兩手心均向外（圖 120、圖 121、圖 122）。

動作二

兩手一齊向前推出；左足隨著跟至右足後約 10 公分處，足尖著地。眼看右手食指（圖 123）。

圖 124

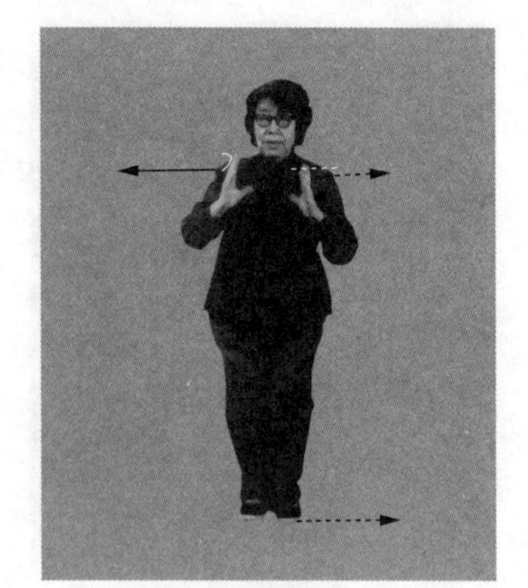
圖 125

第五十八式　開　手

動作與第三式「開手」相同（圖 124）。

第五十九式　合　手

動作與第四式「合手」相同（圖 125）。

第六十式　單　鞭

圖 126

動作與第五式「單鞭」相同（圖 126）。

第六十一式　右通背掌

接前式。左手往上、往右畫弧至手背貼住前額；身體往右轉，重心左移，左足尖翹起，也隨著右轉；同時，右足向

圖 127

圖 128

外擺，足尖向前；右手塌腕不動。眼看右手食指（圖 127）。

第六十二式　玉女穿梭

動作一

接前式。右手收回，手心斜向下，拇指一側對著胸前；左手外旋裡裹，並往下至右手前，手心向上；同時右足微回撤外擺，兩腿微屈。眼看左手（圖 128）。

動作二

接前式。左手內旋，往上至手背靠前額；左足往左前方邁出，右足跟步至左足後相距 10 公分的地方；同時右手放在胸前，並有輕輕向前推出之意（肘靠右肋）（圖 129）。

圖 129

圖 130

圖 131

動作三

左足裡扣，身體右轉約 180°，右足跟提起；左手往下至胸前，手心向下；右手內旋，微往前伸，手心向上（兩肘靠著兩肋）（圖 130）。

動作四

右手內旋，往上至手背靠著前額；同時，右足往右前方邁出，左足跟步至右足後約 10 公分處；左手有從胸前輕輕向前推出之意，左肘靠肋（圖 131）。

圖 132

動作五

右足稍向前邁步，足尖稍外擺；同時，右手下落至胸前，手心向下；左手外旋向上，手心向上，姿勢與動作一相同，惟方向相反（圖 132）。

圖 133

圖 134

動作六

左足往左前方邁步；左手內旋，向上至額前，翻至手心向前；右足跟步，姿勢與動作二相同，惟方向相反（圖133）。

動作七

身體右轉，手足動作過程均與動作三相同，惟方向相反（圖 134）。

圖 135

動作八

右足向右撤步，左足跟至右足內側，身體右轉 90°；同時，左手往前推出，臂微彎曲，手心向前，指尖向上；右手內旋，向上至額前，手心斜向前。眼看左手（圖 135）。

圖 136

圖 137

圖 138

圖 139

第六十三式　懶扎衣

動作與第十八式「懶扎衣」相同（圖 136、圖 137、圖 138、圖 139、圖 140、圖 141）。

圖 140

圖 141

圖 142

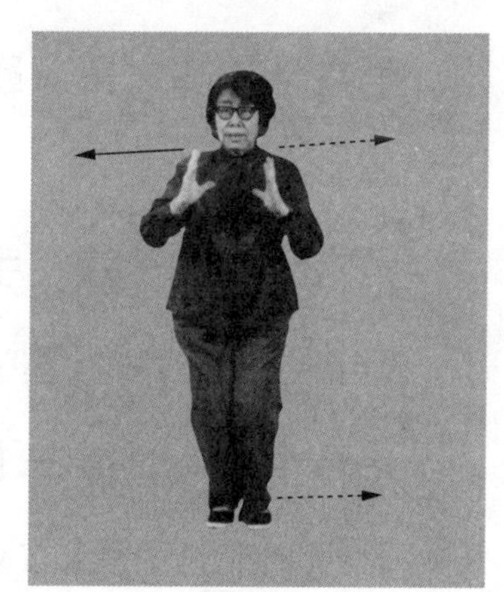

圖 143

第六十四式　開　手

動作與第三式「開手」相同（圖 142）。

第六十五式　合　手

動作與第四式「合手」相同（圖 143）。

圖 144

圖 145

第六十六式　單　鞭

動作與第五式「單鞭」相同（圖 144）。

第六十七式　雲　手

動作與第三十六式「雲手」相同（圖 145、圖 146）。

第六十八式　雲手下勢

接前式。待兩手雲至右邊時，左手向上、向左、再向下畫弧，左手摟至左胯前；右手心翻轉向上，平著向前推出，腕要塌；同時，右足跟至左足後；然後，左手向前，從右手背上推出，塌腕，手心斜向前，右手拉回至右胯側，手心向下；左足向前邁步，兩腿彎曲，身體重心移至右腿。眼看左手（圖 147、圖 148、圖 149）。

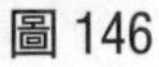

圖 146

圖 147

圖 148

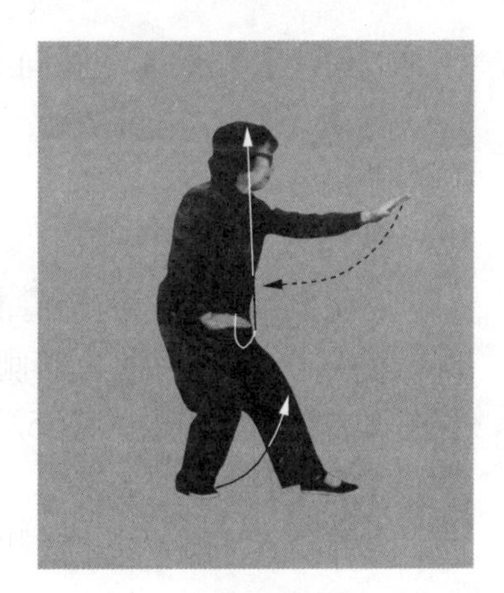

圖 149

第六十九式　金雞獨立

動作一

接前式。身體重心前移；右手從右胯側向前、向上提起至耳側，指尖與耳同高；左手向下畫弧至左胯側，指尖向

圖 151

圖 152

下；同時，右腿貼著左腿向上提，與身體成直角，足尖上翹，足跟下蹬；左腿微屈，塌腰。眼看前方，微停（圖 150、圖 151）。

動作二

右足向前落下，腿仍彎曲；同時右手往下畫弧至右胯側，指尖向下；左手從左胯側向上至耳側，指尖與耳齊；左腿貼著右腿向上提起（圖 152）。

【要點】

身體要直，腰要塌，右腿仍彎曲。

第七十式　倒攆猴

動作與第二十三式和第二十四式「倒攆猴」相同（圖 153、圖 154、圖 155、圖 156）。

第七十一式　手揮琵琶（右式）

動作與第二十五式「手揮琵琶」相同（圖 157）。

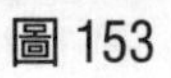
圖 153

圖 154

圖 155

圖 156

圖 157

圖 158

第七十二式　白鶴亮翅

動作與第七式「白鶴亮翅」相同（圖 158、圖 159、圖 160）。

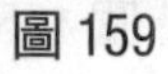

圖 159

圖 160

圖 161

第七十三式　開　手

動作與第三式「開手」相同（圖161）。

第七十四式　合　手

動作與第四式「合手」相同（圖162）。

圖 162

第七十五式　摟膝拗步

動作與第十式「摟膝拗步」相同（圖 163、圖 164）。

第七十六式　手揮琵琶

動作與第十一式「手揮琵琶」相同（圖 165）。

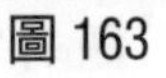

圖 163

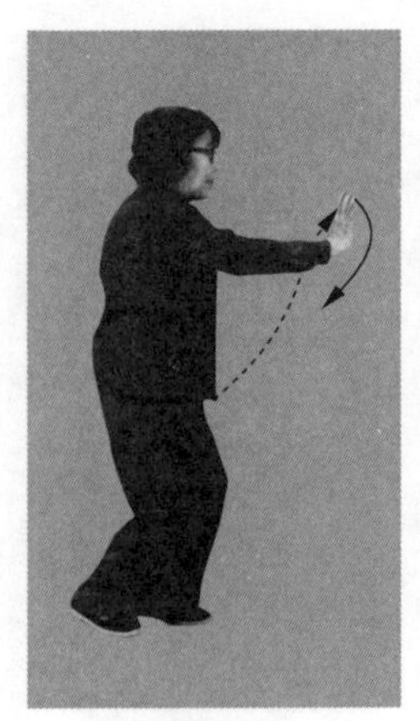

圖 164

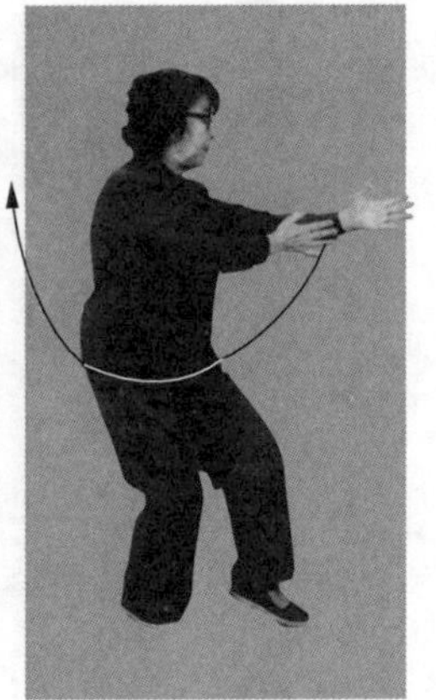

圖 165

圖 166

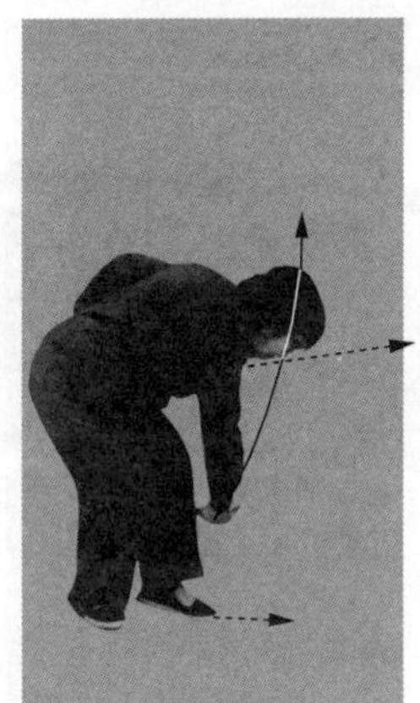

圖 167

圖 168

第七十七式　三通背

動作與第三十一式「三通背」相同（圖 166、圖 167、圖 168、圖 169、圖 170、圖 171、圖 172、圖 173）。

圖 169

圖 170

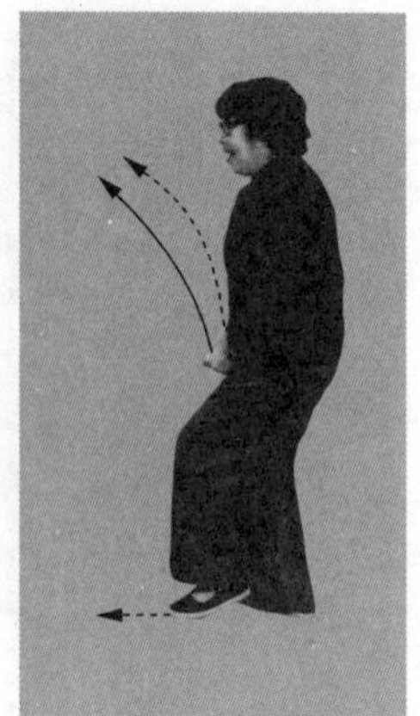
圖 171

圖 172

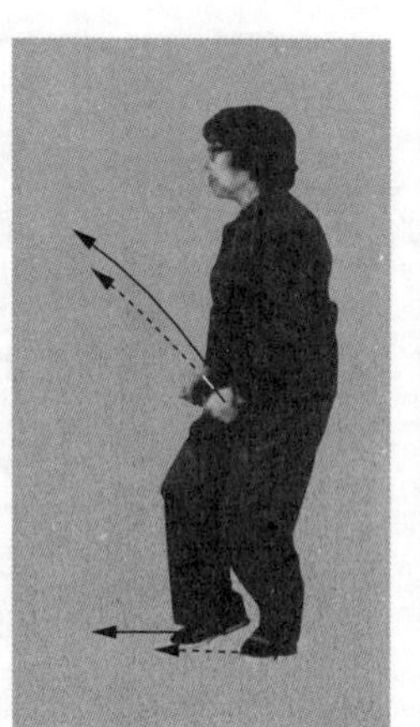
圖 173

圖 174

第七十八式　懶扎衣

動作與第三十二式「懶扎衣」相同（圖 174、圖 175、圖 176）。

圖 175

圖 176

圖 177

第七十九式　開　手

動作與第三式「開手」相同（圖177）。

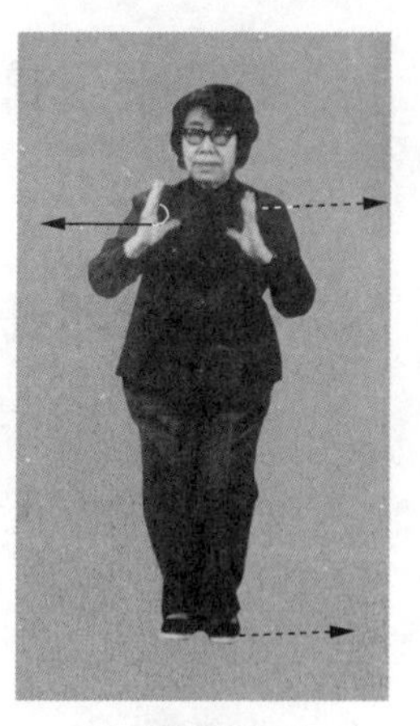

圖 178

第八十式　合　手

動作與第四式「合手」相同（圖178）。

第八十一式　單　鞭

動作與第五式「單鞭」相同（圖179）。

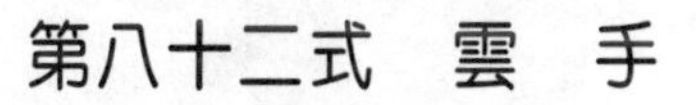

第八十二式　雲　手

動作與第三十六式「雲手」相同（圖 180、圖 181）。

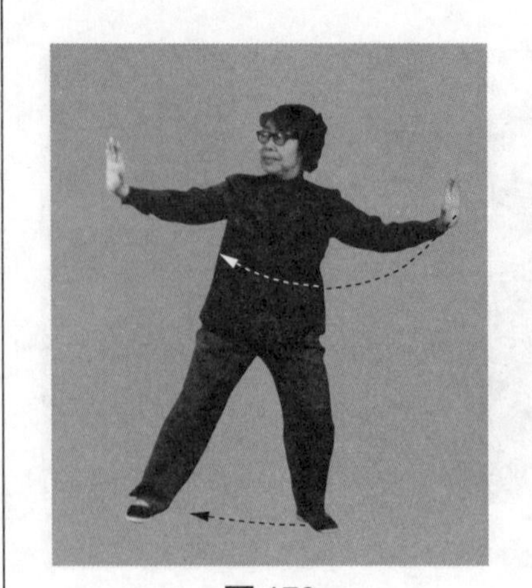

圖 179

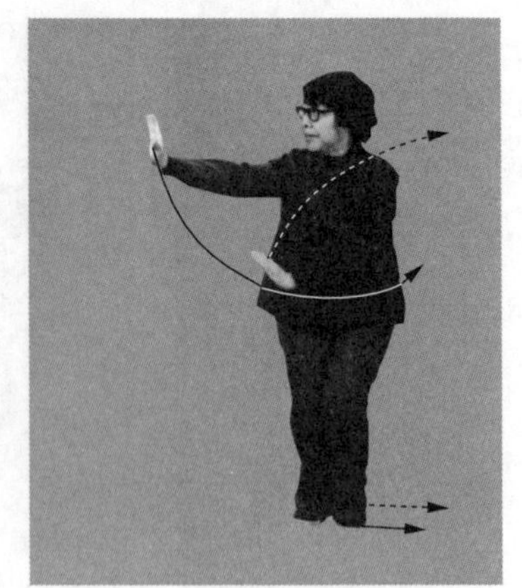
圖 180

第八十三式　高探馬

動作與第三十七式「高探馬」相同（圖 182）。

第八十四式　十字擺蓮

動作一

右足尖外擺至足跟與左足尖相齊；同時，左手外旋，向裡至胸前，手心向上；右手內旋，向裡至胸前，手心向下，兩手心相對，相距約 10 公分。眼看右手（圖 183）。

圖 181

動作二

左足向前上步，足尖裡扣，與右足形成八字步，身

圖 182

圖 183

圖 184

圖 185

體左 90°；兩手在胸前互換位置，右手在下，手心向上，左手在上，手心向下；隨即兩腿微屈；兩手變成立掌交叉，右手在外，左手在裡，拇指微靠胸。眼看兩手（圖 184、圖 185）。

圖 186

圖 187

動作三

接前式。兩手左右分開時，右足抬起。眼看前方（圖 186）。

第八十五式　進步指襠捶

接前式。右足往前落步，左足往前邁步，接著右足再往前邁一步，左足再往前跟步至右足後，足尖著地；同時，兩臂隨邁步徐徐下落，第三步時右手變拳，兩手一同前伸，左手扶在右手腕上，右拳拳眼向上；身體成三折疊形。眼看右手（圖 187）。

【要點】

在邁步時，身體好像飛鳥從樹上束翅斜往下飛落之勢。

第八十六式　退步懶扎衣

接前式。左足後撤，右足尖翹起；同時，右手變掌，向上平著向右、向外、向後畫圓，再向前推出；左手扶右腕。

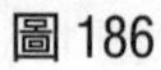

圖 188

圖 189

圖 190

圖 191

眼看右手（圖 188、圖 189、圖 190）。

第八十七式　開　手

動作與第三式「開手」相同（圖 191）。

圖 192

圖 193

第八十八式　合　手

動作與第四式「合手」相同（圖 192）。

第八十九式　單　鞭

動作與第五式「單鞭」相同（圖 193）。

第九十式　單鞭下勢

接前式。右手往下畫弧，屈臂至右胯側，手心向下；同時，左手略往下落，手心斜向下；身體後坐，重心移至右腿。眼看左手食指（圖 194）。

第九十一式　上步七星

接前式。右手從右胯側往前、往上畫弧，經左手腕下伸出，兩腕交叉，並收至胸前，距胸約 10 公分，右手在外，指尖均向上；在右手伸出時，左足向前微移，右足跟至左足

圖 194

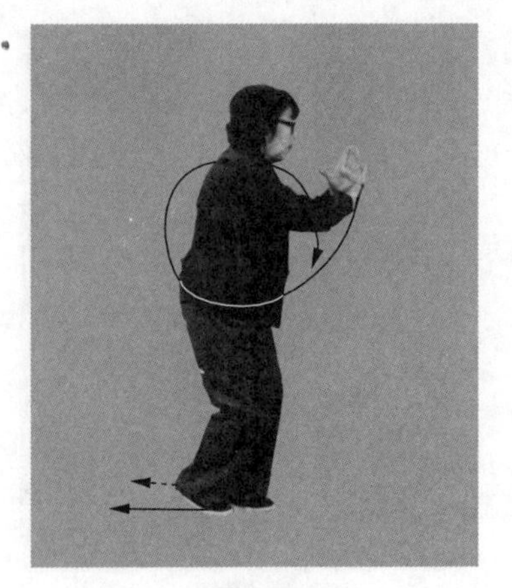

圖 195

後，足尖著地。眼看兩手（圖 195）。

【要點】

上體要直，腰下塌，兩腿要屈。

【用法】

若對方由下向上擊我面部，我以兩掌架住，順勢捋按。

第九十二式　退步跨虎

按前式。兩手分開，左手向下摟至左胯側，手心向下；右手外旋，向上、向下、再向上、向前，經額前內旋，向下按至腹前，手心向下；同時右足後撤一步，足尖向外微斜；左足撤至右足前，足尖著地；同時塌腰屈腿，右手上舉，左腿提膝，足尖翹著（圖 196、圖 197）。

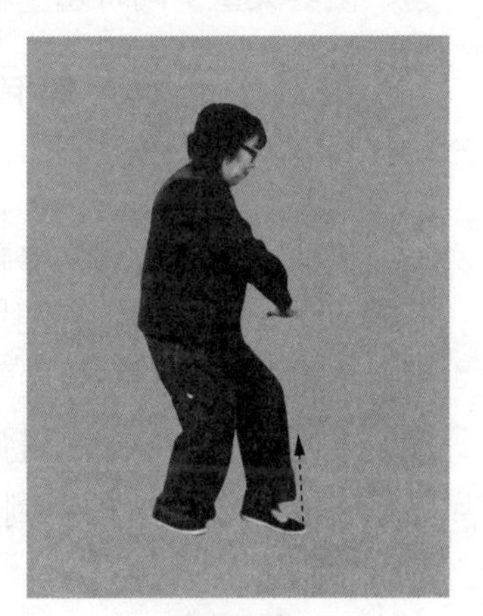

圖 196

圖 197

圖 198

【要點】

身體與手足動作要協調一致。

【用法】

若對方用手擊我中部或下部，我撤步，雙手蓋住對方的手向後引領，使其失重，同時起左腳踢擊。

圖 199

第九十三式　轉角擺蓮

動作一

接前式。以右腳掌為軸，身體右轉 360°，轉至 180°時左足落地，兩足尖相對；隨即左足尖翹起，向右扭轉，右足上提並向右擺出；兩手向上、向右畫弧至右前方時與右足面相擊（左手先擊，右手後擊，拍不到足面拍腿也可）。眼看右腿（圖 198、圖 199）。

動作二

右足向右斜方落下；兩手外旋，回拉至兩肋側，手心均向上。眼看前方（圖200）。

【用法】

若對方用右拳擊來，我右拳往右領，左手推其肘，轉體用右足踢擊對方的背部。

圖200

第九十四式　彎弓射虎

接前式。兩手同時伸出，在伸的過程中兩手內旋，手心均向下，高與肩平，兩臂微屈；身體重心隨著前移至右腿。眼看兩手中間（圖201）。

【用法】

若對方用左手擊來，我則向敵左側進右步，同時兩手截住來手並纏住向下按，以泄其力，隨即向對方胸部擊去。此式關鍵在於搭手和進步的一致。

圖201

第九十五式　雙撞捶

接前式。左足上步至右足側，足尖著地，兩手變拳，回拉至胸前，拳心向下；隨即左足向前（東北方）邁步；兩拳向前撞出，兩臂微屈，拳心向下；右足跟步，足尖向外斜著落地，距左足跟約10公

圖 202

圖 203

分（圖 202、圖 203）。

【要點】

兩腿彎曲，腰下塌，微停。

【用法】

假如我雙手前按，對方用兩手下壓，我則順勢下分，從外側繞過對方雙臂上擊胸部。

第九十六式　陰陽混一

動作一

接前式。身體向右轉；兩拳隨轉體向裡裹，拳心向上（右拳在左腕處，兩肘靠肋）；同時左足裡扣，右足後撤，足尖外撇至 45°；重心移至右腿，左足尖徐徐抬起。眼看左拳（圖 204、圖 205）。

動作二

右拳不動，左拳貼右腕內側轉至右拳下，兩臂相貼，右拳內旋微向裡，兩肘下垂，兩拳交叉；隨兩肘下垂的同時，

圖 204

圖 205

圖 206

圖 207

左足微抬起，即落原處，身體重心仍在右腿，兩腿微彎曲，腰要塌住。眼看兩拳中間，微停（圖 206、圖 207）。

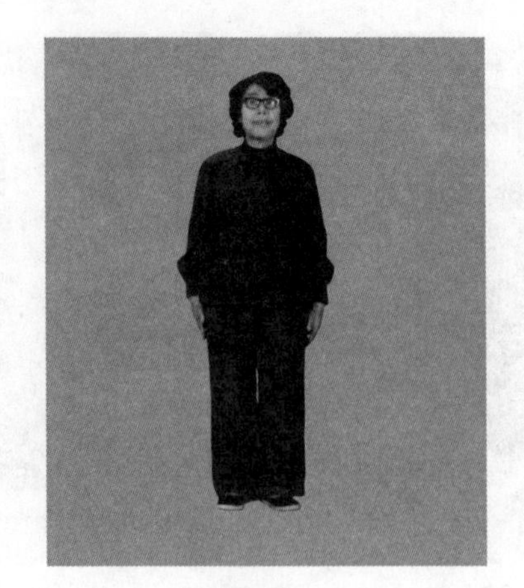

圖 208

第九十七式　收　勢

接前式。兩手變掌，向左右分開至胯側；左足靠攏右足，身體直立。眼平視（圖 208）。

第四章　孫式太極拳簡化套路（三十五式）

第一節　孫式太極拳簡化套路（三十五式）動作名稱

第 一 式　起勢
第 二 式　懶扎衣
第 三 式　開合手（左轉）
第 四 式　左摟膝拗步
第 五 式　手揮琵琶（左勢）
第 六 式　進步搬攔捶
第 七 式　如封似閉
第 八 式　抱虎推山
第 九 式　開合手（右轉）
第 十 式　右摟膝拗步
第十一式　懶扎衣
第十二式　開合手
第十三式　斜單鞭
第十四式　野馬分鬃
第十五式　懶扎衣
第十六式　玉女穿梭
第十七式　下勢
第十八式　金雞獨立
第 十 九 式　倒攆猴
第 二 十 式　左摟膝拗步
第二十一式　手揮琵琶
第二十二式　三通背
第二十三式　懶扎衣
第二十四式　開合手（左轉）
第二十五式　單鞭
第二十六式　雲手
第二十七式　高探馬
第二十八式　右起腳
第二十九式　轉身左蹬腳
第 三 十 式　踐步打捶
第三十一式　翻身擺蓮
第三十二式　彎弓射虎
第三十三式　雙撞捶
第三十四式　陰陽混一
第三十五式　收勢

第二節　孫式太極拳簡化套路（三十五式）動作圖解

第一式　起　勢

動作一

身體直立，兩手下垂，兩肩鬆開，兩腳尖分開約 90°，心靜自如。兩眼平視（圖 1）。

動作二

右腳尖翹起，以腳跟為軸半面向左轉，與左腳成 45°；要塌腰、頭虛頂、舌頂上顎，呼吸自然。眼平視（圖 2）。

第二式　懶扎衣

動作一

兩臂自下向前上方慢慢舉起，兩手邊舉邊合扭，兩手心

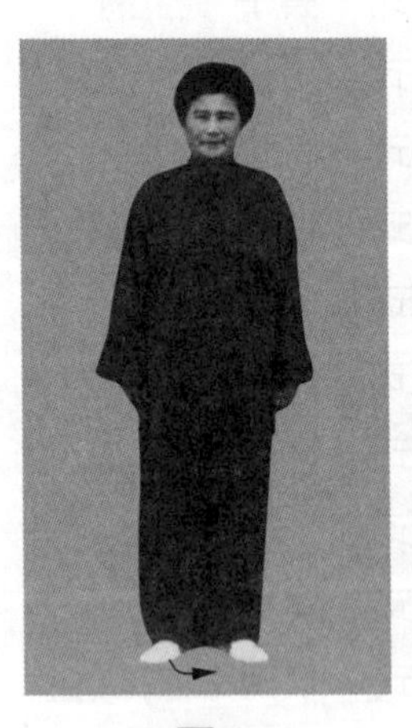

圖 1

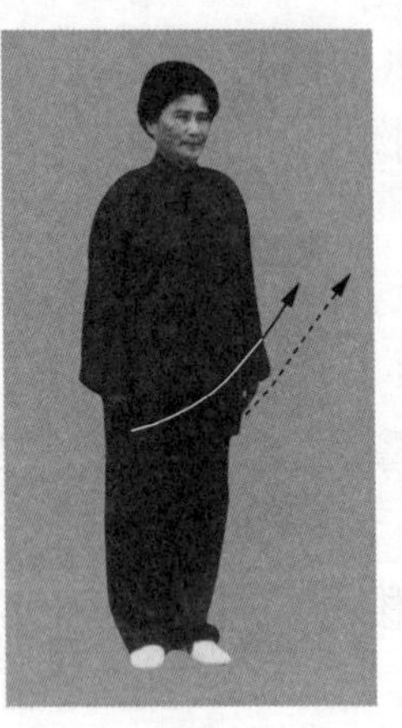

圖 2

圖 3

圖 4

圖 5

圖 6

相對，如抱球狀，高與肩相平；兩腿不動。兩眼看兩手中間（圖 3）。

動作二

前式似停未停之時，兩手即緩慢下落至腹前，如畫一大弧線；同時兩腿開始慢慢向下稍屈，左腳跟隨著慢慢提起。兩眼平視，但眼神要關及兩手下落（圖 4）。

動作三

左腳向前邁出，腳跟先著地；同時兩手沿兩肋向上、向前慢慢伸出，兩臂略彎曲，兩手仍如抱球狀；右腳隨兩手伸出時向前跟步，停在左腳踝內側，離左腳跟二三寸許，腳尖著地；左腳於右腳跟步時漸漸全腳著地。眼看兩手中間（圖 5、圖 6）。

動作四

以腰為軸，隨著身體向右轉動，帶動兩手平著（與肩同高）右轉，轉至正面時，右手外旋，手心向上；左手內旋，手心向下，扶著右腕向右轉動；同時，左腳尖翹起，以腳跟為軸，一同向右邊轉動，左腳落實後，右腳以腳跟為軸，繼續向右外轉動約 90°。眼看右手（圖 7、圖 8）。

圖 7

動作五

隨前式。右手平肩高，向右後畫一半圓弧，左手隨著右手腕轉，當右手轉至右肩前，前臂直立，手心斜向上，轉為向前；左手虛扶著右腕向前推出，兩臂略彎曲；在兩手向後畫弧時，右腳尖翹向外，扭直後，隨兩手前推；右腳向前邁出，腳跟先落地；右腳逐漸落實，左腳隨著跟在右腳的後邊，腳尖著地，距右腳跟二三寸許。兩眼看右手。稍停。其動作自起點至此要一氣貫穿，不可間斷（圖 9、圖 10）。

圖 8

【用法】

懶扎衣由掤捋擠按所組成。

①掤，即是架（不是死架硬頂）。對方若用雙手向我撲來，我雙臂則向上粘住對方的手，向後坐腰撇左步，微微向右轉腰，左手向右拍，右手向右掛，此時對方的力已化去，我應時而發。掤法的奧妙在「粘」，不丟不頂，兩臂如彈簧一般，使對方按著若有若無。掤可用雙手，也可用單手，若用單手掤住對方的雙手，則更為得勢。

圖 9

圖 10

②捋，對方以手擊來，我以前手按其腕，向後引，後手迅速找其肘。若對方來手高，則兩手托其臂向後、向下捋，亦可平著向側後方捋。

③擠，即將對方擠出。意在前臂像銼一樣搓住對方的胳膊。若能使其身體側向一旁失去中正，對方胳膊又被我臂裹住，貼於身體不能起而掤架，此時為擠之最佳時機。擠的用法，是由胸前向前上方斜著擠出。如用得巧妙，可使對方騰空而起。若要擠得上勁，雙臂的裹勁是關鍵，一旦裹住對方，要迅速進步上身，緊緊貼住對方。

④按，若對方向我攻來，我雙手輕輕按住對方雙臂，即時向前撲出。按可用單手、雙手，或開勁，或合勁，因勢而定，但要粘住對方的臂，使其走轉不靈。

第三式　開合手（左轉）

動作一

開手。接前式。左腳跟稍向裡扭正落地，右腳尖翹起向左扭轉約90°落實後，左腳跟稍提起，身體也隨之左轉；同時，兩手心相對，向左右分開，如抱球狀，球中之氣向外膨脹，開至兩手虎口與兩肩相對，兩手食指指尖向上，離胸部約一二寸許，五指張開。兩眼平視，微停（圖11）。

圖11

動作二

合手。接前式。兩手心相對慢慢裡合，合至兩手距離與臉同寬時稍停；同時兩腿彎曲，右腳著地，左腳跟抬起，腳尖著地。眼看兩手中間，全身放鬆，不可有絲毫勉強之力（圖12）。

圖12

【用法】

開合手，若對方自身後用雙手突然抱住我雙臂，我即用肘撐住對方雙臂，速往下按，並順勢向左轉身或向右轉身。使其失時失勢。

第四式　左摟膝拗步

動作一

接前式。左手經右胸往下斜著摟至左胯外側，拇指與食指撐開，拇指離胯約一二寸許；同時，左腳往左前方邁一

圖13

圖14

步，腳跟著地；右手手心往右分開，至手心斜向上，拇指與右肩同高。眼看右手（圖13）。

動作二

右手隨即往左前方平著推出，其高度以食指尖與嘴角同高為準，臂稍彎曲，塌腕，手心向前；同時左腳落實，重心移至左腳，右腳隨右手前推時向前跟步至左腳內踝側，腳尖著地。眼看右手食指尖，微停（圖14）。

【要點】

右手前推與跟步要協調一致，右肘要屈，腕要塌。

【用法】

若對方用右拳向我擊來，我用左手往右一摟，右手擊對方的胸部。

第五式　手揮琵琶（左勢）

接前式。兩手五指伸直，虎口朝上；右腳往後撤步，腳尖領先著地（撤步遠近以不牽動身體重心為合適），隨著重心後移，全腳踏實；同時，右手往後拉，左手向前伸，兩肘下垂，右手指與左手腕齊；同時，左腳尖翹起後撤至右腳前，腳跟離右腳 3 寸許，腳尖著地。目視前方（圖 15）。

圖 15

【用法】

若對方用右拳擊來，我右手接前腕，左手接其肘，順勢捋或擴。

第六式　進步搬攔捶

動作一

接前式。左手內旋向下、向左肋摟回，手心向下；右手外旋向上，經左手下面向前伸去，虎口向前，手心向上；同時左腳往前邁步，腳尖斜向外擺落地。眼隨手勢往前看（圖 16）。

圖 16

動作二

接著，右手內旋，往右肋前摟回，手心向下；左手外旋，經右手下面向前伸，虎口朝前，手心向上；同時，右腳往前邁步，腳尖向外斜著落地。眼隨左手前伸往前看（圖 17）。

動作三

上式不停。左右手原地旋轉；左腳直著往前邁步；兩手握拳，右拳拳眼向上，從右肋經左手腕上沿直線打出，拳與

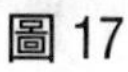

圖 17

圖 18

胸口平；同時左拳順著右臂回拉至右肘下，拳心向下；右腳於右手打出時跟步，離左腳跟二三寸許，腳尖著地。眼看右拳食指中節（圖 18、圖 19）。

【用法】

若對方用左手向我胸部擊來，我用左手扣其腕（虎口向著自己），採住向後、向右捋，同時右手捶擊對方。

圖 19

第七式　如封似閉

接前式。右腳後撤，腳尖向外，斜著落地，撤步遠近，以不牽動身體重心為宜；同時，右手向後抽，左手從右臂下邊往前伸，兩手腕相交時兩拳變掌，手心均向前；隨後兩手與左腳同時回撤，左腳撤至右腳前寸許，腳尖著地；兩大拇指相離寸許，撤至胸前，輕輕靠住。眼看前方（圖 20）。

圖 20

【用法】

我以右手擊對方某部，對方若以左手橫我腕或肘，我則向後坐腰，左手從右臂外截其腕，隨彼勁往左領，同時右手按其肘部因勢而發。

第八式　抱虎推山

接前式。兩手心向外，一起往前推出，高與胸平，兩臂微屈；同時，左腳往前邁步，腳跟先著地，而後徐徐落實；右腳跟步，離左腳二三寸許，腳尖著地。眼看兩掌當中，稍停（圖 21）。

圖 21

【用法】

若對方手在內，我手在外，則我向裡裹住對方的手而發；若對方手在外，我手在內，則我用開勁撐住對方的手而發。總之須粘住對方的手臂，使其不能運用自如，否則只知向前猛撲，必為對方所乘。此式以打在對方軀幹部為最佳。

第九式　開合手（右轉）

接前式。右腳跟稍裡扭落實，左腳尖翹起，腳跟為軸向

圖 22

圖 23

圖 24

圖 25

右轉；兩手也同時屈肘移至胸前。以下動作同第三式（圖 22、圖 23）。

第十式　右摟膝拗步

動作同第四式，惟左右相反（圖 24、圖 25）。

第十一式　懶扎衣

動作一

接前式。左手腕向裡扭至手心向上，同時右手手心向下往前伸，兩手如抱球狀；同時，左腳向後撤，成 45°斜著落地，隨即兩手一同往下畫弧落至小腹前；右腳也撤至左腳前寸許，腳尖著地。兩眼神關照兩手後往前平視（圖 26、圖 27）。

圖 26

動作二

接著，兩手翻轉成右手手心向上、左手手心向下（仍如抱球狀），提至胸前，左手扶在右手腕上一起向前擠出，右手虎口朝前，同時，右腳往前邁出，腳跟先著地，全腳慢慢落實，左腳隨著跟至右腳後 3 寸許，腳尖著地。眼看右手（圖 28）。

圖 27

動作三

隨即，左腳後撤；兩手（左手虛挨右腕）平著往右後畫一半圓弧，轉至右肩處，右手心向前；身體重心往後移至左腿，右腳尖翹起。眼隨右手運轉後往前平視（圖 29、圖 30）。

圖 28

圖 29

圖 30

圖 31

動作四

然後，兩手自右肩處一起往前推出，兩臂略彎曲；同時，右腳尖逐漸著地，左腳也隨著跟至右腳後約二三寸處。眼看右手（圖 31）。

圖 32

圖 33

圖 34

第十二式　開合手

動作同第三式，惟不向左轉回（圖 32、圖 33）。

第十三式　斜單鞭

接前式。左腳往左前方邁出；兩手同時內旋，如捋長杆一樣，往左右分開，兩臂成平舉狀態，兩手心向外，掌直立，高與眼平；左腿微屈，右腿微蹬。眼看右手食指。沉肩墜肘，呼吸自然（圖 34）。

第十四式　野馬分鬃

動作一

接前式。左腳撤回，與右腳併齊；同時左手向下畫弧，落至小腹處，手心斜向下。眼看右手，指尖向上（圖 35）。

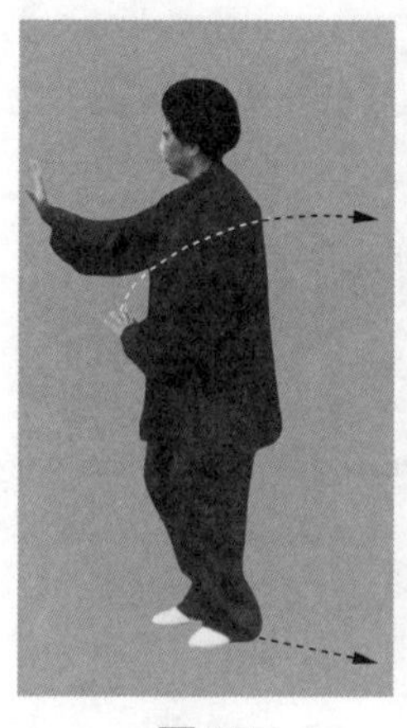

圖 35

圖 36

圖 37

動作二

左手再往上經右胸前向左畫一弧線（食指與眼齊高），一直畫到原起點處；同時，左腳向左邁出，腳尖稍向外，恢復原單鞭式，惟眼看左手（圖36）。

動作三

圖 38

待左手畫到原處時，右手也往下畫弧落至小腹處，手心斜向下，接著再往上從眼經左胸前向右畫弧至原起點處；同時，右腳先靠攏左腳（腳尖著地，兩腳相距二三寸許），再向右邊邁出回原處。此時仍恢復單鞭式，但重心偏過右腿，眼看右手（圖 37、圖 38）。

動作四

左腳向右腳前邁出，腳尖向外斜著落地，兩腿彎曲；同時，兩手往下、往前畫弧落下交叉（兩手心稍向前，兩臂微

圖 39

圖 40

屈，左手在上，右手在下）；兩腿也往下、往前交叉；接著兩手背先向前額（與前額齊高）再向左右分開，各畫一圓圈，右手手心翻向上，左手手心向下，至胸前時，兩手相交。眼看前下方（圖 39、圖 40）。

第十五式　懶扎衣

接前式。兩手胸前相交後，向前擠出，右手虎口朝前；同時，右腳往前邁出，左腳跟步至離右腳後 3 寸許，腳尖落地，隨即又往後撤；同時，左手扶著右手腕一同向右、向後（高與肩平）繞至右肩前，兩手心均向前；身體重心移至左腿，右腳尖翹起；再將兩手一起向前推出；右腳尖落實，重心慢慢移至右腿，左腳隨著跟至右腳後邊二三寸許，腳尖著地。眼看右手食指（圖 41、圖 42、圖 43、圖 44）。

圖 41

圖 42

圖 43

圖 44

第十六式　玉女穿梭

動作一

接前式。兩手抽回，右手收至左手腕內側靠胸前，左手抽回時，至右手前邊（手心向上），兩肘靠著兩肋；同時，

圖 45

圖 46

圖 47

右腳腳尖稍向外斜。眼看左手（圖 45）。

動作二

接著，左手腕再外轉並往上翻，手背靠著前額；左腳往左前方邁步，右腳跟步，腳尖著地，落在距左腳跟二三寸的地方；同時，右手在胸前立腕，掌心向前，肘部靠著右肋。眼平視（圖 46）。

動作三

接前式。左腳裡扣，身體右後轉（轉 270°）；左手往下落，手心向下，手腕內側對著胸前；同時，右手翻至手心向上，此時兩肘靠著兩肋；當轉身完畢，右手上舉，手腕外轉，往上翻起，手背靠著前額，手心斜向前，同時右腳向前邁步，左腳跟步至右腳後約二三寸處落地；左手從胸前輕輕向前推出，臂微彎曲，手心向前，指尖向上。眼看左手（圖 47、圖 48）。

圖 48

圖 49

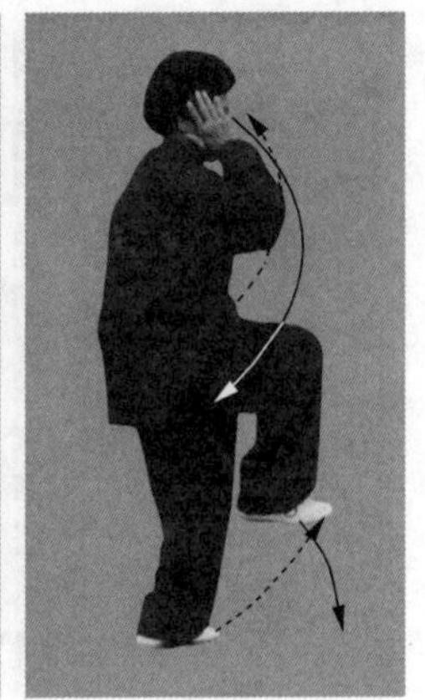

圖 50

第十七式　下　勢

接前式。左手抽回至左胯的同時，右手往前推出；右腳尖向外微扭踏實；接著，左手向前從右手背上推出，手心斜向前；同時，右手拉回至右胯處，手心向下；左腳向前邁步，身體重心移至右腿。眼看左手（圖 49）。

第十八式　金雞獨立

動作一

接前式。重心前移，兩腿向下成半蹲；兩手下垂，接著，右手向前上方提起，至手心靠近右耳，指尖與耳齊；同時，右腿貼著左腿屈膝向上提起（腳尖上翹，腳跟下蹬）至大腿抬平，要塌住腰；左腿微屈；左手向前下畫弧落至左胯處，指尖向下，成金雞獨立。眼看前方，微停（圖 50）。

動作二

右腳向前落下，腿仍彎曲；同時右手往下畫弧至右胯

圖 51

圖 52

圖 53

處，指尖向下；左手從左胯處向前上方提起至手心靠近左耳，指尖與耳齊；左腿貼著右腿提起至大腿抬平（腳尖上翹，腳跟下蹬）。眼看前方（圖 51）。

第十九式　倒攆猴

動作一

接前式。左手手心往下扣著放回胸前，大拇指離胸部二三寸許；同時右手手心往上抬起；左腳向身體左後方撤去，腳跟先著地，然後隨著上體左轉，重心移至左腿，左腿慢慢落實；左手繼續向下摟至左胯處，手心向下，指尖向前；右手繼續上抬至與右肩平，翻手向左經右口角向前推出；右腳跟步，腳尖著地。動作與左摟膝拗步相同。眼隨右手向前看（圖 52、圖 53）。

動作二

接前式。右腳落實，左腳尖翹起，以腳跟為軸，往裡扭轉，當身體向右後回轉約 40°時，右腳向右前方邁去；右手

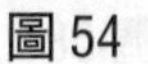
圖 54

圖 55

圖 56

向右斜摟至右胯處，手心向下，指尖向前；左手外旋，向上與左肩相平，手心向上，繼續翻轉向右經左口角往前推出；同時，左腳跟步，腳尖著地。動作與右摟膝拗步相同。眼看左手（圖 54、圖 55）。

此式可左右循環練習，次數不拘，但須成偶數。

圖 57

第二十式　左摟膝拗步

接前式。左手向左摟至左胯處；手心向下，指尖向前，右手翻至手心向上，抬至與右肩平，隨身體左轉經右口角往前推出，指尖向上；同時左腳落實，右腳尖翹起扣轉，左腳向左斜前方邁步，右腳跟步，腳尖著地。眼看右手（圖 56、圖 57）。

第二十一式　手揮琵琶

接前式。動作與第五式相同（圖 58）。

圖 58

第二十二式　三通背

動作一

接前式。右手手心轉向上，先往下再往後上畫一圓弧，拇指與前額齊高時，手心逐漸轉向下方，並垂直下按，按至左小腿中間處停住；左手於右手往後畫時，收回至左胯處，手心向下；左腳於右手下按時，向後撤至右踝約二三寸處，腳尖著地，兩腿微屈。眼看右手背（圖 59、圖 60）。

動作二

接著，右臂往上抬起，手背靠前額；身體隨著直起，重

圖 59

圖 60

圖 61

圖 62

圖 63

心偏於右腿；同時，左手從左胯處斜上與胸平時往前伸出，手心向前，塌腕；同時，左腳往前邁出，兩腳距離以不牽動重心為宜。眼看左手食指（圖 61）。

動作三

接著，左腳尖翹起，以腳跟為軸扣轉 120°，左腳落實，再以右腳跟為軸，轉擺 120°並右後轉體 180°，重心移至左腿，右腳落實；在轉體時，左手向上畫一弧線，手背靠前額；右手自前額處向前推出，高與肩平，手心向前，塌腕。眼看右手。此式與第二節相同，惟方向相反（圖 62）。

動作四

左手從前額往前伸，至與右手相齊，高與肩平，兩手手心相對，如抱球狀；指尖向前；同時，右腳撤到左腳後邊，斜著落地（兩腳距離以不牽動重心為宜）。眼看兩手中間（圖 63）。

動作五

兩手從前面虛握拳往下畫弧，一直畫到小腹處，拳眼向

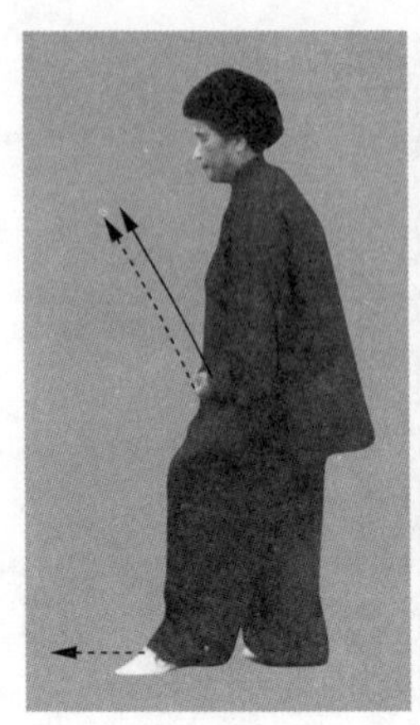
圖 64

圖 65

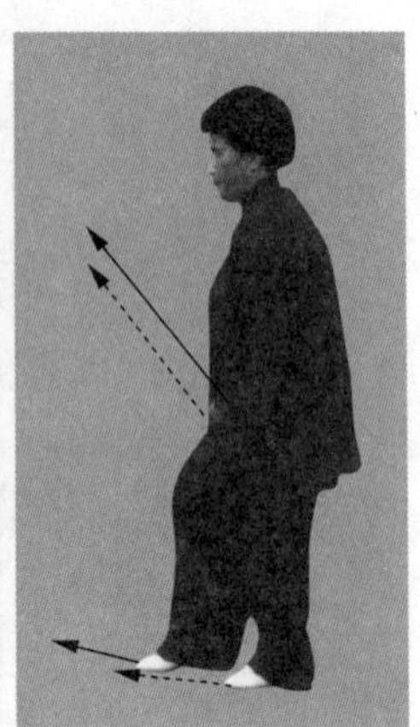
圖 66

上；同時，隨重心後移至右腿，左腳往回撤至右腳前寸許，腳尖著地。眼看前方（圖 64）。

動作六

接著，兩拳靠著身體往上舉起，舉經胸口，再往前上方伸出，高與眉齊；同時，左腳往前邁步，左腿稍弓，腳尖向外斜著落下，身體重心仍在右腿，微停；隨即兩拳弧形向下落至小腹處，拳眼向上；重心移至左腿，右腳直著往左腳前邁步，腳跟離左腳前寸許，腳尖著地，眼俯視前方。此式上下要協調一致，左足撤步至右腳前腰要往下塌，上體要正直（圖 65、圖 66）。

【用法】

①若對方用左手擊來，我用左手截其腕，用右手按其肘，向後撤步下捋。

②若對方用左手擊來，我用左手截其腕，用右手托其肘，扣左腳向右轉腰，從上向後捋出。

③若對方沉肩縮臂，我則繼續轉腰至面向後，右腳撤至

圖 67

圖 68

圖 69

左腳後，隨對方手回縮之勢向下、向後捋之。

第二十三式　懶扎衣

接前式。兩手張開，並向上提（右手手心向上，左手手心向下），提至胸前，再一起向前推出；同時，右腳向前邁步，左腳隨著跟在右腳後3寸許，腳尖著地，稍停即往後撤步；然後，左手挨著右手腕，兩手平著往後畫一半圓弧，轉至右肩前，手心向前；同時，身體重心往後移至左腿，右腳尖翹起；再兩手從右肩前一起往前推去，兩臂微屈，指尖向上；同時，右腳尖漸漸落實，左腳也隨著跟至右腳後約二三寸許，腳尖著地。眼看右手（圖 67、圖 68、圖 69、圖 70）。

圖 70

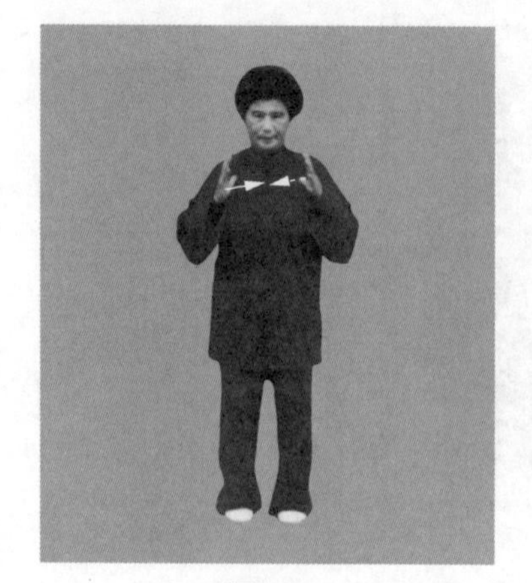

圖 71

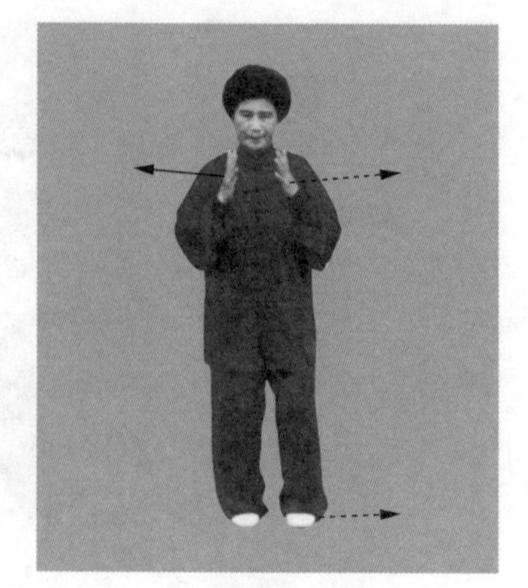

圖 72

第二十四式　開合手（左轉）

接前式。動作與第三式相同（圖 71、圖 72）。

第二十五式　單　鞭

接前式。兩手腕向左右外轉，手心朝外，手掌直立，高度與眼相平，如捋長杆一樣，往左右慢慢分開，成兩臂平舉狀態；左腳在兩手分開的同時，往左橫著邁出，微斜著落地，左腿微弓；眼看右手食指。此時上身要直，氣往下沉，不可用拙力下壓（圖 73）。

圖 73

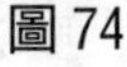

圖 74

圖 75

第二十六式　雲　手

動作一

接前式。左手向下，左臂靠著身體，向右畫一半圓弧，至右肋處，手心斜向下；同時，左腳向右腳靠攏，腳尖著地。眼看右手。指尖向上，微停（圖 74）。

動作二

接著，左手繼續向上、向左畫一半圓弧，至身體左側，手心向左，指尖向上；同時，右手向下、向左畫一半圓弧至左肋下，手心斜向下；同時，左腳向左 橫著邁出，腳尖微向外斜；兩手畫至左邊時，右腳同時向左腳靠攏，兩腳相距二三寸許，兩腳尖均向左微斜。眼看左手（圖 75）。

動作三

似停未停時，接著右手向上畫，左手向下畫；兩手同時畫至右邊時，左腳又橫著向左邁出；接著，左手再向上畫，右手向下畫；右腳再靠向左腳。如此循環兩次。

圖 76

在左右手向上畫時，都要掌心向外。練時，左手向右，身體也隨著向右微轉；右手向左，身體隨著向左微轉。眼總是看抬起一手的食指。

【用法】

若對方向左或右擊來，我即轉腰以臂截住，順勢捋出。

第二十七式　高探馬

動作一

接前式。兩手從左向右雲時，左手向下雲至胸前，右手雲至臉前，兩手向前伸出，虎口均向上，手與胸平，兩臂微彎曲；同時，左腳向後撤步，右腳隨著右手向前落時，微向左移至左腳前方，腳尖著地，離左踝二三寸許，兩腿微屈。眼看右手（圖 76）。

圖 77

動作二

接著，左手外旋，手心向上，右手內旋，向裡至胸前，手心向下，兩手心相距約三四寸許，兩手距胸口一二寸；同時，右腳尖內扣，腳尖先著地，與左腳尖相對（稍有距離）。眼看右手（圖 77）。

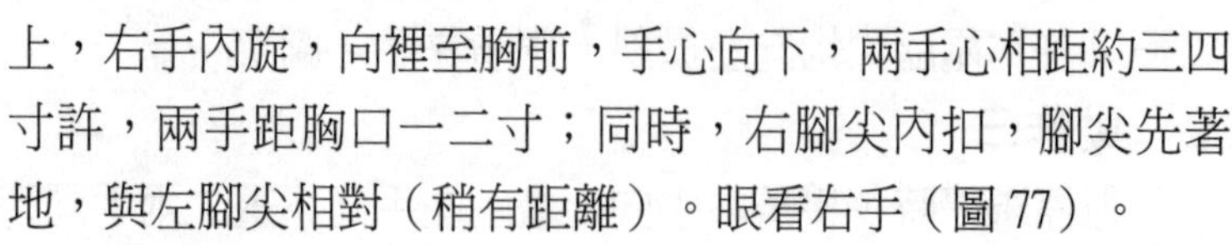

動作三

接著，兩手一同擰轉，指尖向上，塌腕（與合手姿勢相同）；同時左腳跟提起，稍向裡扭，與右腳相齊，微停。眼看右手（圖 78）。

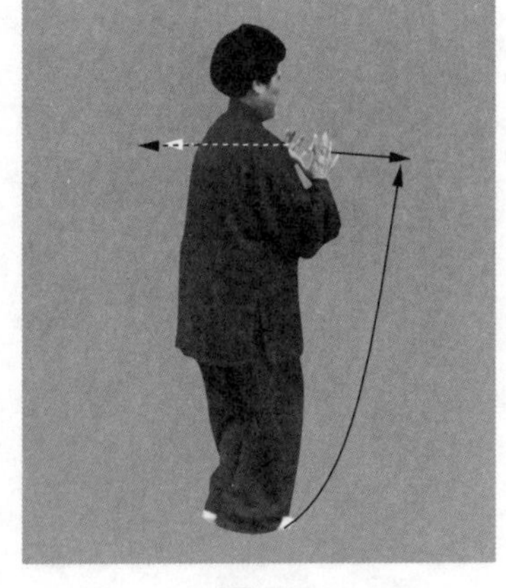

圖 78

第二十八式　右起腳

接前式。兩手如單鞭式分開；同時，右腿抬起，腳尖向上，抬至與右手相交，眼看右手；腰微往下塌。式不停，隨即將右腳落下，微內扣，距左腳半步；然後，左腳向右腳跟後落下；同時，兩手往一處合（與合手式相同）。眼看左方，微停（圖 79、圖 80）。

第二十九式　轉身左蹬腳

接前式。隨身體左轉，右腳尖稍往裡扣；兩手如單鞭式

圖 79

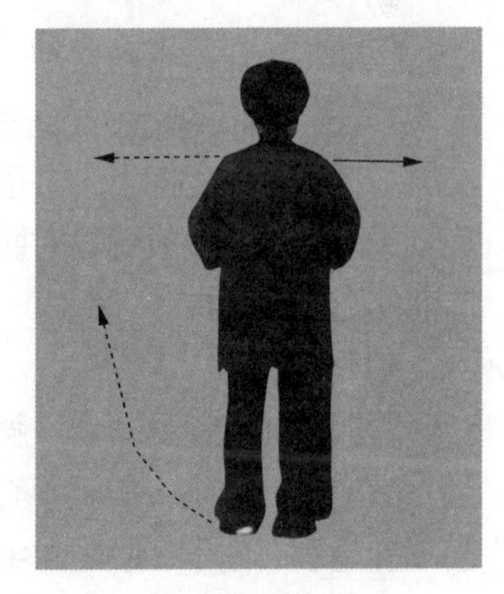

圖 80

圖 81

圖 82

分開；左腳尖回勾提起，用腳跟向前方蹬出，手足相交。眼看左手食指（圖 81）。

第三十式　踐步打捶

動作一

接前式。左腳往前落地，腳尖稍往外斜；同時，左手往左胸前摟回，手心向下；右手旋至手心向上，從後邊靠右肋向前伸出。眼看右手（圖 82）。

圖 83

動作二

隨即右腳往前邁一步，腳尖稍向外斜落地；同時，左手從左胸前往前伸出，旋至手心向上；右手則同時往回拉至胸前，旋至手心向下。眼看左手。（圖 83）。

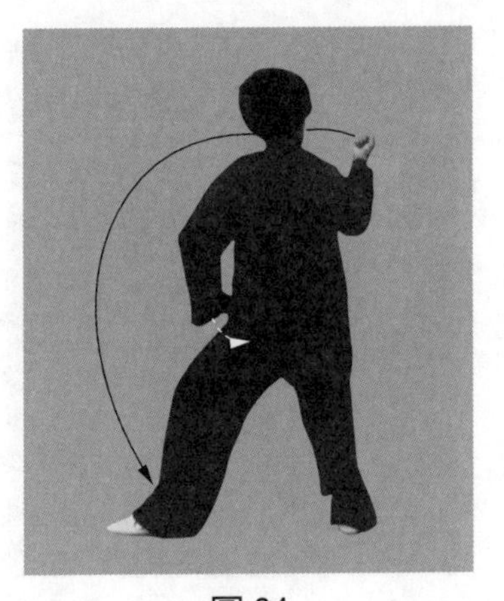

圖 84

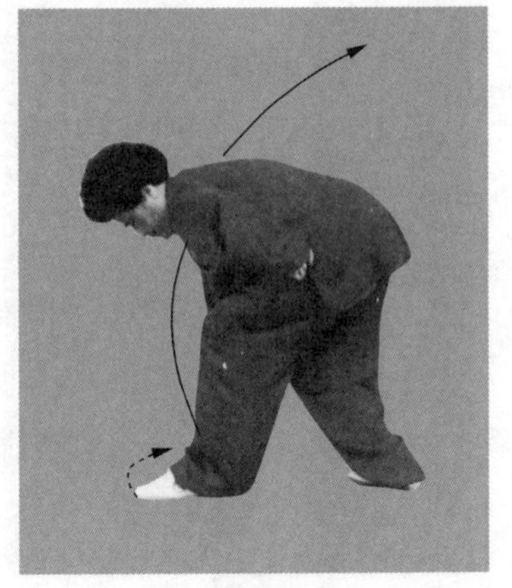
圖 85

動作三

隨即左腳向前邁一步，腳尖稍往裡扣；同時，左手旋回，手心向下握拳，拉至左胯處；右手握拳，自胸前向上、向後畫弧，然後經前額處，向左足內踝部打出；身體隨著往下，左腿屈膝，右腿微弓；左拳拳眼靠左胯。眼隨右手拳轉移（圖 84、圖 85）。

以上動作要一氣貫串，腰要塌住，眼隨手動。

【用法】

若對方伏身用手擊我下部（如指襠捶）或摟我左足，我即用左手摟開，右拳自上而下擊之。

第三十一式　翻身擺蓮

動作一

接前式。將左腳尖往裡扣，身體隨著往右後轉 180°，帶動右拳經額前畫一弧線，旋至拳心向上打出，隨即落在右胯前邊；同時右腳微往後撤，腳尖外斜。眼隨右拳運轉後往前

圖 86

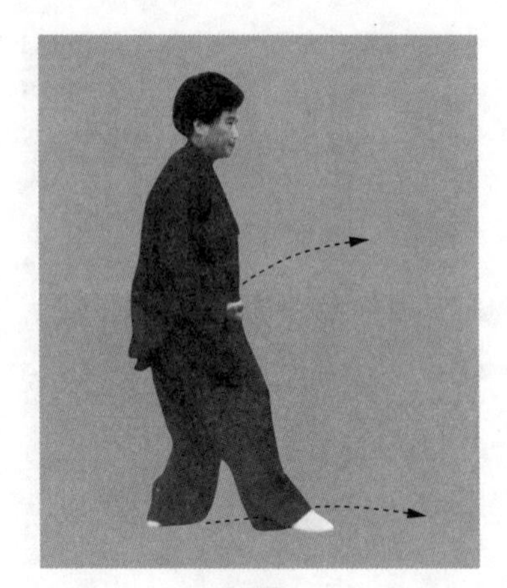
圖 87

平視（圖 86、圖 87）。

動作二

隨即左腳向前邁出，腳尖稍外斜；同時左手變掌，經胸前往前伸出，邊伸邊旋成手心向下；右手變掌，也同時伸出；右腳向身體左前方抬起，似屈非屈，並向身體右前方擺出；同時，雙手拍擊右腳面，先左手後右手；然後在右腳下落的同時，兩手抽回至兩肋處，手心向上，兩肘靠肋。眼隨右腿運轉後向前平視（圖 88、圖 89、圖 90）。

圖 88

【用法】

若對方用右拳擊來，我右拳往右領，左手推其肘，轉體用右足踢擊對方背部。

圖 89

圖 90

第三十二式　彎弓射虎

接前式。兩手同時伸出，隨伸隨旋，變成兩手心均向下，高與肩平，兩臂微屈；身體重心移至右腿。眼看兩手中間（圖 91）。

【用法】

對方用左手擊來，我則向敵左側進右步，同時，兩手截住來手並纏住往下按，以泄其力，隨即向對方胸部擊去。此式關鍵在於搭手和進步的一致。

圖 91

第三十三式　雙撞捶

接前式。左腳併至右腳旁，腳尖著地；兩手變拳，旋至

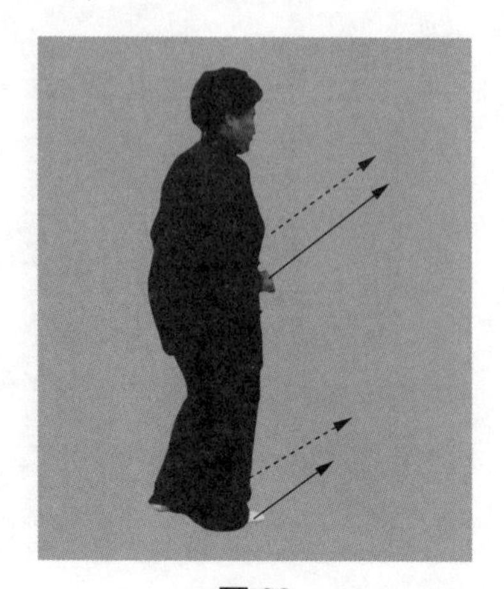
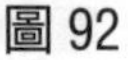
圖 92

圖 93

拳心向下，如挽強弓，拉回至胸前；隨後，左腳向左前邁出；兩拳同時向前撞出，兩臂微屈；右腳跟步，腳尖向外斜著落地，距左腳跟二三寸許。兩腿微屈，腰下塌。眼視兩拳中間（圖 92、圖 93）。

【用法】

若我雙手前按，對方用雙手下壓，我則順勢下分，從外側繞過對方雙臂上擊其胸部。

第三十四式　陰陽混一

動作一

接前式。身體向右轉；兩拳隨身體轉動向裡裹至拳心朝上，兩肘靠肋，右拳轉至左腕處；同時左腳向裡扭轉，右腳向身後撤步，腳外撇成 45°，重心移至右腿，左腳尖徐徐抬起。眼看左拳（圖 94）。

動作二

右拳不動，左拳貼右腕內側，旋轉至右拳下邊，兩手臂

圖 94

圖 95

相貼，左拳心向下，右拳心向上，兩拳相交，高與胸平，距胸部三四寸許；兩拳拳眼對胸；隨兩肘下垂的同時，左腳微抬起，隨即落回原處，身體重心仍在右腿，兩腿微彎曲，塌腰。眼看兩拳中間（圖95）。

圖 96

第三十五式　收　勢

接前式。兩手同時如畫弧狀，交叉經身前分別向左、右側落下至兩腿外側；同時左腳靠攏右腳，兩腳跟相觸，腳尖成 90°，身體直立；眼平視（圖 96）。

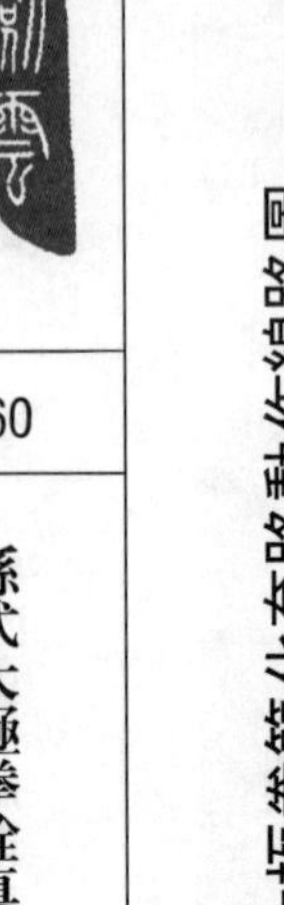

孫式太極拳簡化套路動作線路圖

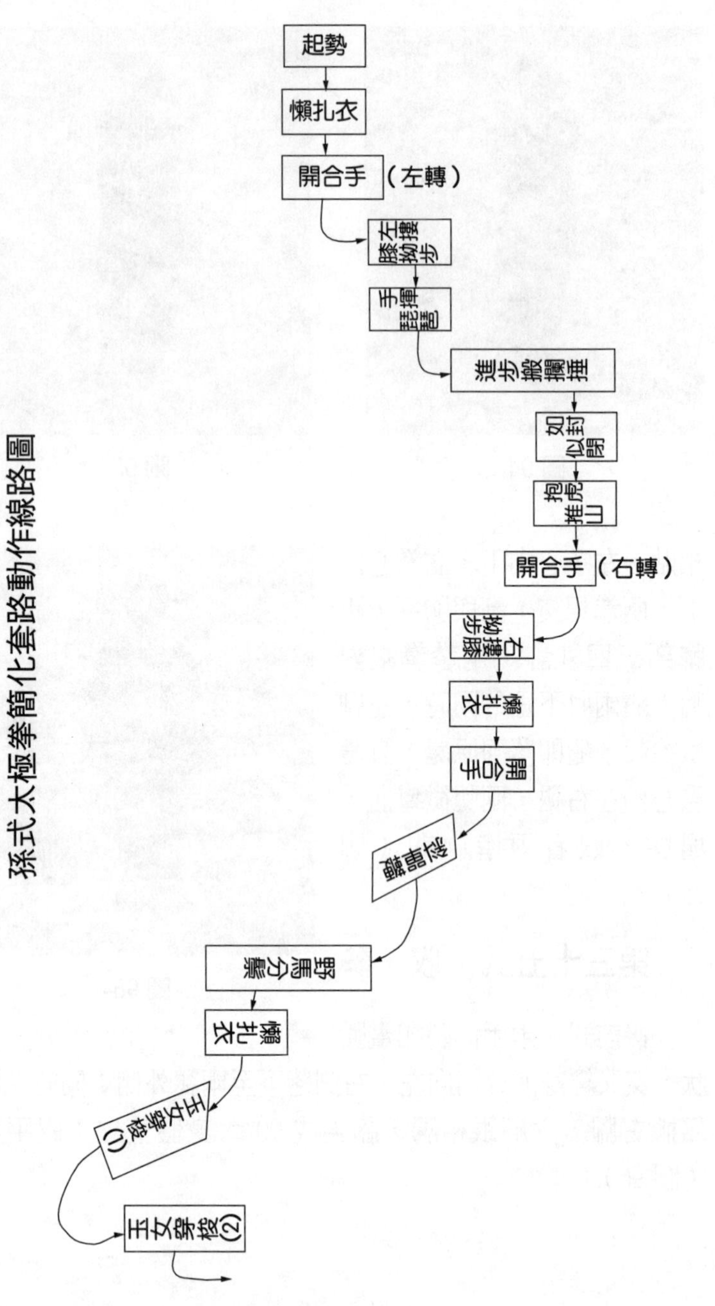

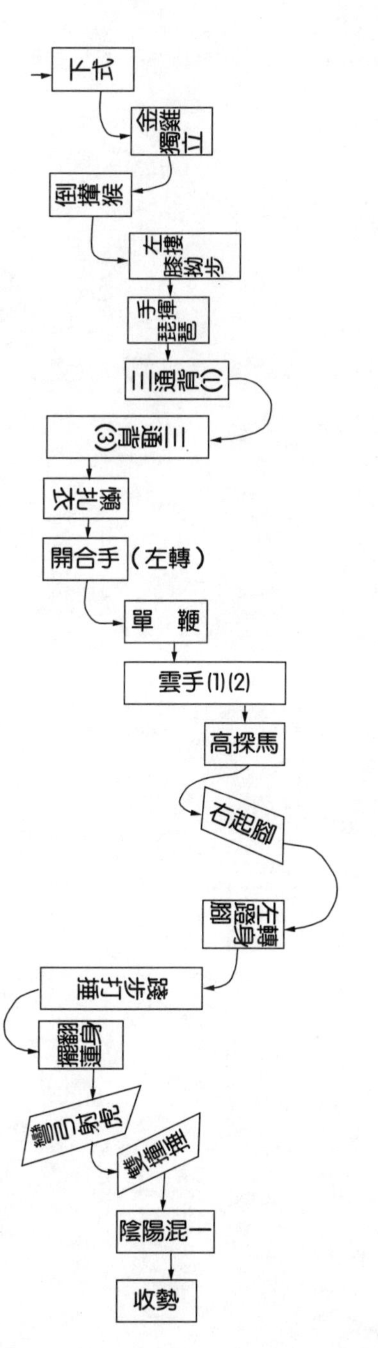

【說明】：

1. 整套拳基本上在一條直線上往返運動，因無法疊畫，故將圖面名稱展開。

2. 動作名稱下端爲練習者面對的方向（如朝南起勢）。上端爲背向。平時習練時，方向不拘。

3. 箭頭方向爲拳式進行方向，凡箭頭反轉，即爲轉體180°。

4. 凡因一拳式轉身，則將拳式動作名稱（1）（2）分開寫兩次。如三通背（1）（2）；玉女穿梭（1）（2）。

5. 收勢回到起點還原。

第五章　簡化孫式太極拳十三式

第一節　說　明

1.圖文對照，對拳架動作做了分解說明，打拳時力求連貫、銜接。注意放鬆、中正。

2.在文字說明中，如不特殊注明，不論先寫與後寫身體的某一部分，各動作部位都要同時協調活動，不要先後割裂，為太極拳之一動無不動。

3.方向轉變以人體為準標明前、後、左、右。

4.圖上的線條說明從這一動作到下一動作經過的路線和部位。左手左腳為虛線（-------------→），右手右腳為實線（————→）。個別動作的線條受角度、方向等限制，可能不夠詳盡，應以文字說明為準。

5.某些背向、側向動作，增加了附圖，以便對照。

第二節　簡化孫式太極拳十三式動作名稱

第一式　懶扎衣（含起勢）

第二式　開合手

第三式　單鞭

第四式　雲手

第五式　右通背掌

第六式　玉女穿梭

第七式　上步七星

第八式　右起腳

第九式　轉身左蹬腳　　　　第十二式　雙撞捶
第十式　踐步打捶　　　　第十三式　陰陽混一
第十一式　翻身雙擺蓮

第三節　簡化孫式太極拳十三式動作圖解

第一式　懶扎衣（含起勢）

動作一

身體直立，兩手下垂，兩肩放鬆，兩足尖分開 90°。眼向前平視，心靜，稍停（圖 1）。

動作二

右足尖翹起，用腳跟做軸，身體稍向左轉，兩足成 45°，面向左斜前方。眼平視（圖 2）。

圖 1

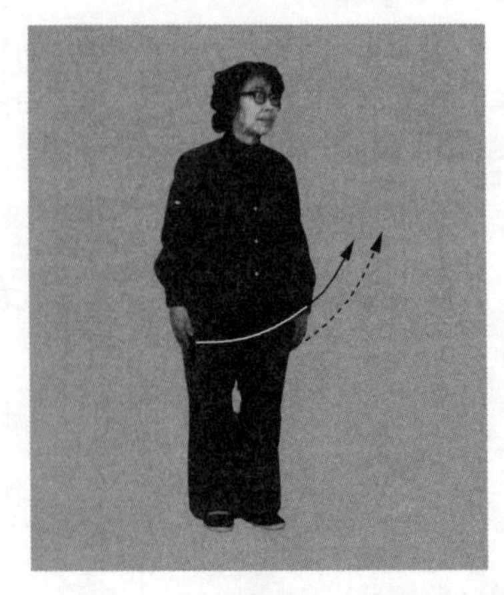

圖 2

圖 3

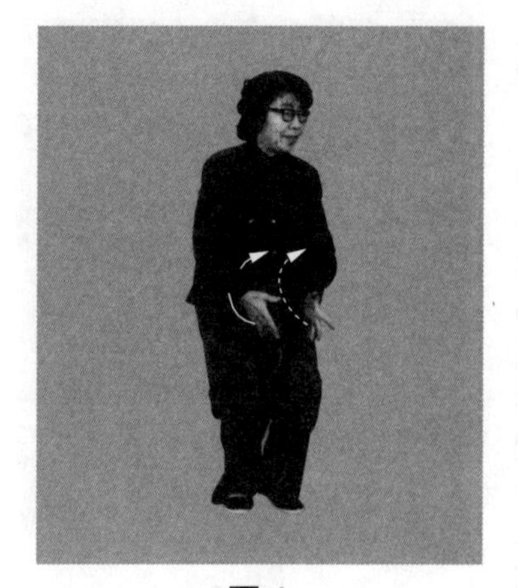

圖 4

動作三

兩臂向前上方慢慢舉起，高與肩平，兩手心相對內含，相距約 18 公分，指尖向前，如抱球狀；兩腿不動。眼看兩手中間（圖 3）。

動作四

兩手下落至腹前；同時，兩腿慢慢彎曲下蹲，身體重心偏於右腿，左足跟隨著慢慢提起（圖 4）。

動作五

左足向前邁步，足跟先著地；重心偏重於右腿；同時，兩手向上，向前慢慢伸出，兩手仍如抱球狀，胳膊微屈（圖 5）。

圖 5

圖 6

圖 7

圖 8

動作六

右足隨兩手伸出，向前跟步至左踝內側，相距約 10 公分，腳尖著地。眼看兩手中間（圖 6）。

動作七

右足跟落地，重心偏向右腿；左足以腳跟為軸，左足尖翹起向右轉動；同時，身體右轉；隨之兩手臂平行右擺。眼看兩手中間（圖 7）。

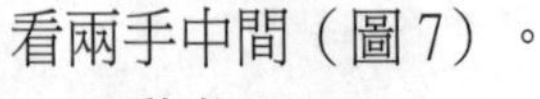

動作八

重心移向左腿，右腿外擺約 90°；同時，身體繼續右轉；兩手隨轉體擺至右前方時，右手外旋，手心向上，左手內旋，手心向下，置於右手腕上。眼看右手（圖 8）。

圖 9

圖 10

動作九

右手向右、向後畫一半圓，前臂內旋屈肘；左手隨右手轉動，當右手轉至右肩前，前臂直立，手心斜向上再轉向前；同時，右足向前邁出，足跟領先著地（圖 9）。

動作十

右足尖逐漸落實，重心移向右腿並屈膝；左足隨即跟在右足後，相距約 10 公分，足尖著地；同時，左手扶著右腕一起向前推出，兩臂微屈。眼看右手，稍停。（圖 10）。

【要點】

1. 全身放鬆塌腰，但不可僵挺，舌頂上顎，呼吸自然。
2. 動作要一氣貫串，不可間斷。

第二式　開合手

動作一

接前式。左足跟著地；右足以腳跟為軸，足尖翹起，向左扣轉約 90°；身體隨著左轉，重心偏於左腿；同時，兩手

圖 11

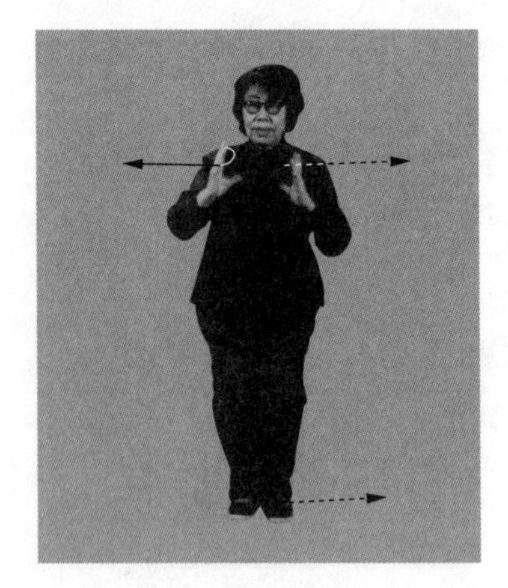
圖 12

心相對，指尖向上，向左右分開（如抱氣球，球中之氣向外膨脹），兩虎口與兩肩相對（圖 11）。

動作二

兩手心相對慢慢裡合，合至兩手相距與臉同寬；同時，兩腿屈膝，右足著地踏實，重心移向右腿；左足跟抬起，足尖著地，眼看兩手中間（圖 12）。

【要點】

全身要放鬆，不可有絲毫勉強之力。

第三式　單　鞭

接前式。左足向左橫邁一步，左腿微屈，右腿微蹬，重心移向左腿；同時兩手內旋，如捋長杆一樣，分別向左右慢慢分開，兩臂微屈成平舉狀態，兩手心向外，立掌，高與眼平；眼看右手（圖 13）。

【要點】

上體要直，兩臂要鬆，呼吸要自然，不可用拙力向丹田

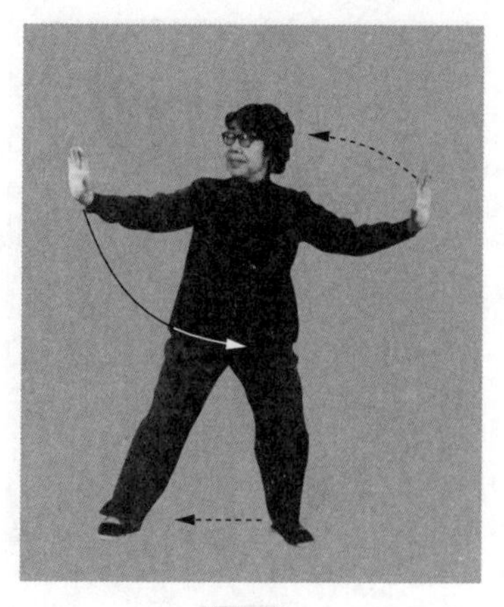

圖 13

圖 14

壓氣。

第四式　雲　手

動作一

接前式。身體重心移向右腿，隨之左足移於右足內側，腳尖著地；同時，上體微右轉；左手向下、向右畫弧至右腋下，手心斜向下。眼看右手（圖 14）。

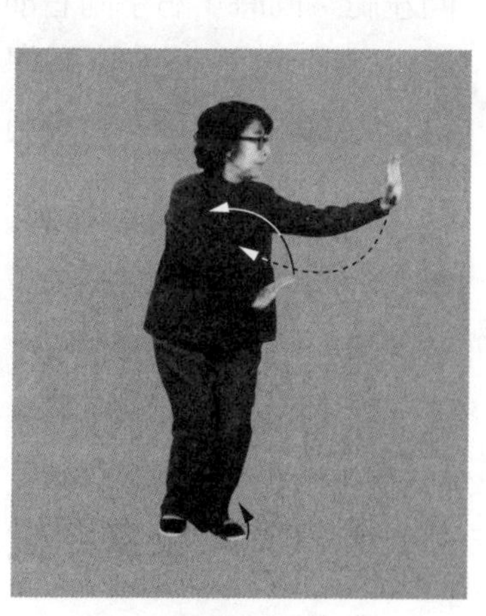

圖 15

動作二

左足向左橫邁一步，隨即右足移於左足內側，腳尖著地，重心偏於左腿；同時，上體微左轉，左手向上、向左畫弧至身體左前方，手心向左，手腕高與肩平，指尖向上；右手向下、向左經腹前向上畫弧至左腋下，手心斜向下。眼看左手（圖 15）。

【要點】

在左右手向上畫弧的時候，掌心均向外，高不過眉；身隨手轉。

第五式　右通背掌

接前式。右足跟落地踏實，重心微右移，身體右轉；隨轉體左腳裡扣，右腳向右稍開步外擺，腳尖向前，重心移向左腿；同時，右手向右前推出，手心向前，手腕高與肩平，臂微屈；左手向右畫弧架於左額上方，手心向外。眼看右手（圖 16）。

圖 16

【要點】

腰要塌住，兩肘下垂，動作要協調連貫。

第六式　玉女穿梭

動作一

圖 17

接前式。左手外旋裡裹，向下至左胸前，手心向上，臂微屈；右手向下移至左肘內側，拇指一側對胸，手心斜向下；同時，右足微回撤外擺，兩腿微屈。眼看左手（圖 17）。

動作二

接前式。左足向左前方邁一步，右足隨即跟步至左足後相距 10 公分的地方；同時身體左轉；左手內旋向上架於左額上方，右手在胸前，輕輕向前推出（右肘貼肋），臂微彎曲，手心向前，指尖向上。眼看前方（圖 18）。

圖 18

動作三

左足內扣，身體右後轉約 90°，右足跟提起；同時，右手外旋，微前伸舉於右胸前，手心向上，臂微屈；左手向下落於右肘內側，拇指側對胸，手心向下（兩肘貼肋）（圖 19、圖 19 附圖）。

動作四

右足向右前方邁一步，左足隨即跟步至右足後相距 10 公分的地方；同時，右手內旋，向上架於右額上方，左手在

圖 19

圖 19 附圖

胸前輕輕向前推出（左肘貼肋），臂微彎曲，手心向前，指尖向上。眼看左手（圖20）。

圖 20

【要點】

轉身換步，虛實變換要靈活。

第七式　上步七星

接前式。右手向右、向下畫弧往前，經左手腕下伸出，兩腕交叉，並收至胸前距胸約10公分，右手在外，左手在內，指尖均向上；同時，左足向前邁一步，重心移向左腿，隨即右足跟至左足後約10公分，足尖著地。眼看兩手（圖21）。

圖 21

【要點】

上體要直，腰下塌，兩腿要屈。

第八式　右起腳

動作一

接上式。左腿微屈站穩，右膝提起，右腳向右前、向上慢慢踢出，足面自然平展，腿自然伸直，高過腰部；同時，兩手如「單鞭式」分開，右手伸向右足方向。眼看右手（圖

圖 22

圖 23

22）。

動作二

右腿屈膝微移，右足向右前下落，微內扣，重心移向右腿；兩臂慢慢向下沉肘；接著左足移至右足內側，腳尖著地；同時，上體微左轉，兩手微裡合。眼看右手（圖23）。

【要點】

兩手分開後右腿慢慢踢出要協調一致，動作穩定，腿高過腰。

第九式　轉身左蹬腳

動作一

接上式。左足著地踏實，右足與身體微向左轉，重心移向右腿；同時，兩臂繼續向下沉肘，隨身體左轉兩手裡合在胸前約 10 公分處交叉，左手在外，右手在內，指尖均向上。眼看兩手（圖 24、圖 24 附圖）。

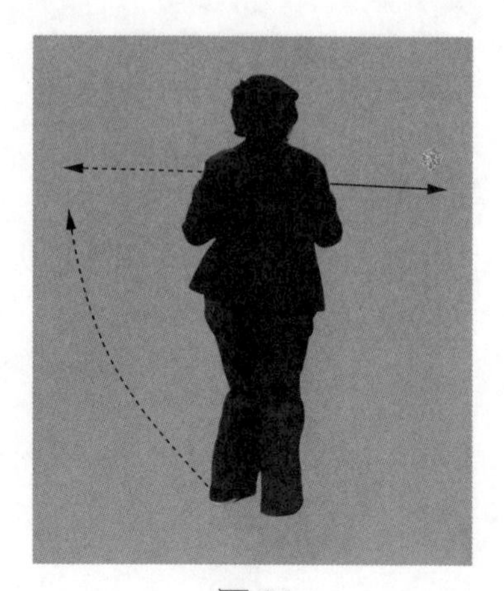

圖 24

圖 24 附圖

動作二

右腿微屈站穩，左膝提起，左腿向左前、向上慢慢蹬出，足尖向上，腿自然伸直，高過腰部；同時，兩手如「單鞭式」分開，左手伸向左足方向。眼看左手（圖 25）。

圖 25

第十式　踐步打捶

動作一

接前式。左足向前落地，足尖外擺，重心移向左腿，身體微左轉；同時，兩臂慢慢向下沉肘，隨身體微轉，左手內旋向下、向左接到胸前，手心向下；右手外旋，向下、向左、向前伸出，手心向上。眼看右手（圖 26）。

圖 26

圖 27

動作二

右足往左足前邁一步，足尖外擺，重心移向右腿，身體微右轉；同時，右手內旋，摟回胸前，手心向下；左手外旋經右手下前伸，手心向上。眼看左手（圖 27）。

圖 28

動作三

左足向前邁步，足跟著地，重心在右腿；上體右轉，右手外旋，變拳向下，經腹前向右、向上舉至與肩平，拳心向上；左手內旋，向右經面前向下、向左畫弧摟至左胯旁，手心向下；眼看右手（圖 28）。

動作四

左腳尖落地踏實，重心移向左腿並屈膝，成弓步，右腿

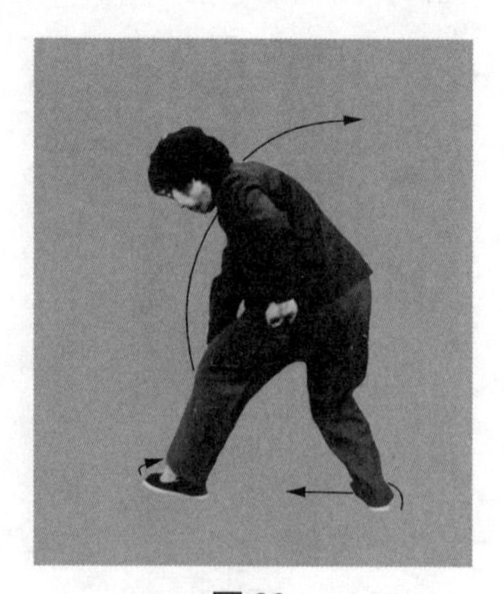

圖 29

圖 30

微屈；同時，身體左轉，向前傾身，右拳經右額向下、向左內踝下擊，拳眼向左，拳面向下；左拳移至左胯側，拳眼向裡。眼看右手（圖 29）。

【要點】

動作要連貫協調，眼隨手動。

第十一式　翻身雙擺蓮

動作一

上體直起，向右後轉體 180°；隨轉體右拳向上，經額前向右前畫弧舉至與肩平，拳心朝上，臂微屈；同時，左足尖裡扣，重心在左腿並屈膝；右足尖外擺，右腿微屈。眼看右拳（圖 30）。

動作二

身體微右轉，隨轉體右足跟提起移回，足尖著地，重心在左腿；同時，右拳向下、向後撤至右胯前。眼看前方（圖 31）。

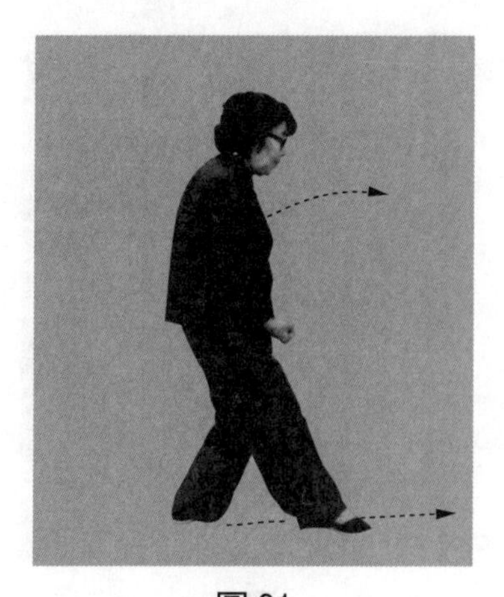

圖 31

圖 32

動作三

兩拳變掌，向左、向上，再往右畫弧，掌心均朝下；右足上提並向上、向右擺起；兩手左胸高處依次向左拍擊右腳面（左手先擊，右手後擊，老年人拍不到足面拍腿也可）。眼看右腿（圖 32）。

【要點】

身子右後轉，用腰帶平，鬆腰、鬆胯、擺腿不可停。

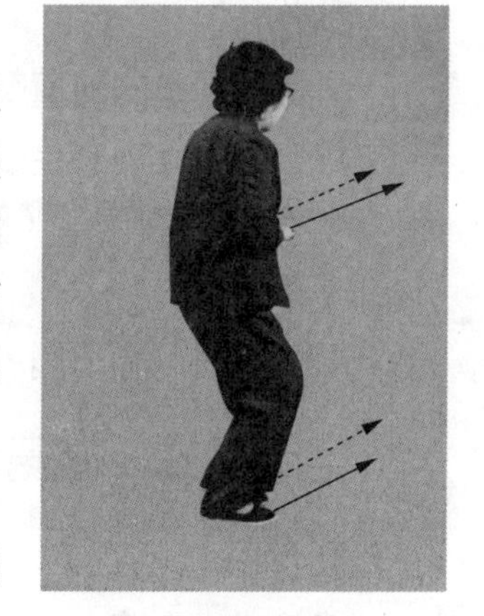

圖 33

第十二式　雙撞捶

動作一

接前式。右足向前落下足尖微扣，重心前移至右腿，右腿微屈；左足隨即跟至右足內側，足尖著地；同時兩掌變拳，向下回拉至腹前，兩拳心向下。眼向前平視（圖 33）。

圖 34

圖 35

動作二

同時，兩拳向前撞擊，兩臂微屈，拳心向下；左足向前（左斜方）邁步，右足跟步至左腳後，足尖向外斜落地，約距 10 公分。眼看兩拳（圖 34）。

【要點】

兩腿彎曲，腰下塌，邁步和撞捶要協調。

第十三式　陰陽混一（合收式）

動作一

接前式。身體向右轉；兩拳隨轉體外旋裡裹，拳心向上（右拳在左腕處，兩肘貼肋）；同時左足裡扣，重心移至右腿，左足跟徐徐抬起。眼看左拳（圖 35）。

動作二

右足後撤，足尖外撇至 45°，重心在右腿；左足微向前，足跟落地；同時，兩拳隨轉體向右平移至正前方（圖 36）。

圖 36

圖 37

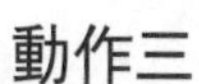
動作三

右拳不動，左拳貼右腕內側轉至右拳下，拳心向下，右拳心向上，兩手背相貼；重心仍在右腿，兩腿屈膝，左足尖上翹（圖 37）。

圖 38

動作四

右拳內旋微向裡，兩肘下垂，兩拳交叉；左腳尖上翹微抬起，即落原處，身體重心仍在右腿，兩腿微彎曲。眼看兩拳（圖 38）。

動作五

兩拳變掌向左右分開，向下落至胯側；左足移至右足內側，身體直立。眼平視（圖 39）。

圖 39

【要點】

全身放鬆，舌頂上顎，氣沉丹田，一任自然，還原於無極。

第六章　孫式太極拳推手

第一節　孫式太極拳推手概說

拳術都包含著「體」和「用」兩部分，但「體」和「用」是互相關聯的，太極拳亦不例外。太極拳套路的各式是「體」，是知己功夫，雖然「用」在其中，但單人練習，不易體驗到「用」的方法和妙處，故有太極拳推手以致用。

太極拳推手，是以練「用」為主，尋求致用之門徑。其用法有掤、捋、擠、按、採、挒、肘、靠八法，八法中以掤、捋、擠、按四手為基礎。初練習推手，需先以「四手」為基本練法，反覆操練，細心體會，練到粘連黏隨，不丟不頂，手足靈活而有分寸，能準確判斷對方勁的大小、方向、變勢，才能達到「引進落空」「牽動四兩撥千斤」的效果。採挒肘靠以及諸種手法皆由其中變化而出。此時將能通體虛靈，圓活無礙，變化無窮，而非筆墨所能盡言。

掤、捋、擠、按是為四正。採、挒、肘、靠是為四隅。四隅即稱大捋。

採是採住對方之手，使之不易變動。

挒是用掌挒開對方，使彼失去重心，而改變力的方向或中斷。但切不可握住對方之臂用力拽去，如此則失其意，並為人所制。

肘是用肘頂向對方。

靠是用肩或背、胯擠靠對方。

四隅大捋之步法是進步大而速，須兩腿有功夫方能輕靈變化。

活步大捋是將掤捋擠按採挒肘靠八法皆蘊蓄在一捋之中。兩人搭手一捋即走，一捋一跟，相互轉換。純熟時可隨意而變，此種練習為孫式太極拳所獨創，是為由推手過渡到散手技擊的必經之階。須有形意拳的樁功和八卦拳的活步功夫，方能在活步大捋的練習中變化自然。

推手的用勁和聽勁：

推手時切忌拙力，務於掤、捋、擠、按四字探求奧秘，此四字即包含無窮之變化，學者務必深刻體會。

如掤有直掤、橫掤上下之別。掤時要粘住對方的手，隨即變換方向，畫一圓形，使對方之勁不能發出，或發出亦被化去。

捋有向上、向下及平捋之分。捋時須一手按住對方的腕，另一手按對方的肘，使對方沒有活動餘地而順勢捋出，同時也可防止對方趁我捋時，進步橫肘，將計就計以取我中。又捋中亦有撅勁，易傷人，不可輕用。

擠有正擠、偏擠、加肘擠諸法。如用臂以曲線擠，則隨時隨勢變換力點，處處均可發勁。

按包括輕靈或重實，左實右虛或右實左虛，兩手或開或合，總之依勢而變。

四正推手以及四隅等諸用法之用勁皆是勁自足起，由腰帶動，自脊而發。手法雖有變化，然而其勁皆自腰、胯變化而來。此點尤須注意。

二人對練推手時，除注意體會用勁之方法外，務必要做到隨曲就伸，不丟不頂，不要用拙力，靜心聽勁。久之，則能引進落空，牽動四兩撥千斤。

關於「聽勁」，萬不可誤為雙方用力對頂。常見推手時，二人互相用力抵住，一方問有勁了沒有，一方答有或無，此大錯也。「聽勁」是感知對方用力之大小、方向、變化趨勢等隨機變化，萬不可頂住。初練時，先練兩臂，久練全身皆可感知。能聽勁，則當對方發力，方能化去，使之落空。不能聽勁則不必與人相較，學者務必注意。

第二節　孫式太極拳推手動作圖解

前面提到，推手步法有靜（定）步、動（活）步、合步、順步等。初學推手應以靜步為根本，靜步熟練後再習動步。其間合步、順步皆可用之，是為靜步（合）、靜步（順），動步（合）、動步（順）四種。

本章僅給出靜步四正推手練法，作為入門起步。蓋因推手非言傳身教、實際研練不可，筆墨述之再多亦難盡其法，學者亦難得其妙，故在本書中只以此章作為一個引子，作為入門之法。

一、靜步推手法

1. 起勢（女方爲甲，男方爲乙）

①甲、乙二人對面站立，相距約兩步（圖 1）。

②甲、乙各向前進左足，右手在前，手心向後，左手扶在右前臂上，左手腕離胸約 15 公分（圖 2）。

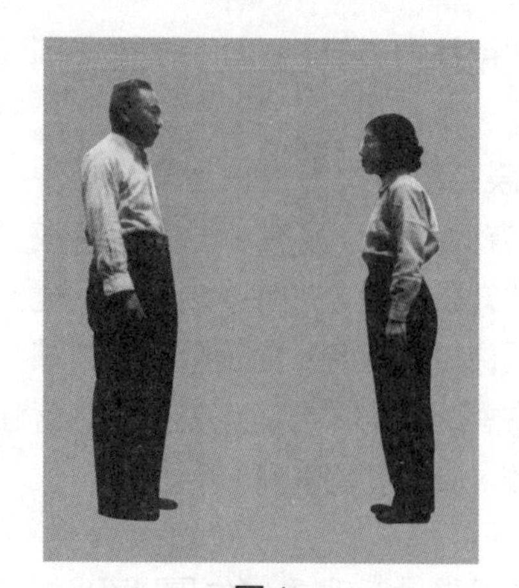
圖 1

圖 2

圖 3

圖 4

2. 甲擠手　乙捋手

甲先將右手擠向乙的面前。乙隨即將右手輕輕扣住甲的右腕，同時左手由甲的右臂下繞到上面，輕輕扣住甲的右肘處，兩手一齊向右斜方捋去。

圖 5

圖 6

甲接著伸直右臂，手腕向裡裹，裹至手心向裡；同時左手向自己的右前臂擠去。眼看乙方（圖 3、圖 4）。

3. 乙掤手、按手

在甲用擠手時，乙將兩手隨著身體向後撤回，不丟不頂，前足尖翹起，待甲使出力量後再按。

乙接著將兩手向甲的左臂按去，左手按在甲的左手背上，右手按住甲的左肘（圖 5、圖 6）。

4. 甲捋手　乙擠手

甲待乙的兩手按來時，隨著向後縮身，同時左手輕輕扣在乙的左手腕，右手從乙的左臂下向上轉，也輕輕扣在乙的左肘上，兩手一起往左斜方捋去。

乙接著伸直左臂，手腕向裡裹至手心向裡，同時右手向自己的左前臂擠去，眼看甲的眼睛。

按以上順序，循環推運。

5. 推手換式法

由左式換成右式（即甲、乙二人右足在前），俟乙用捋手時，甲（不用擠手）用右手將乙的右手往後帶，左手繞在乙的右肘上，同時將左足撤至右足後，如同左式中的捋法；乙隨即進右足用擠法。甲再掤按，乙再捋，循環練習。這是初學推手的換式法。熟習後，可以隨便更換。

二、活步推手

手法與靜步相同，惟向前進步，先進前足，往後退步時，先退後足。前進後退皆為三步。步法要與手法協調一致；向前進步是按、擠二式，向後退步是掤、捋二式，循環練習。這是初學入門的式子，熟習後，自能隨機應變，不受成法所拘。

總之，要上下相隨，掌握好進、退步之時機。

第七章　孫式太極劍傳統套路（六十二式）

第一節　孫式太極劍簡介

孫祿堂先生熔三派拳術於一爐，創孫式太極拳，進而納三派劍法為一體而創孫式太極劍。故此，形意劍、八卦劍、太極劍之風格劍式在孫式太極劍中均有展現。

孫式太極劍既出於三派劍法，又實出於孫式太極拳之中，習劍術須以拳為基礎，拳是根本，輔以劍法，各派劍術無不如此。諺云：精拳術者未必皆通劍法，善劍法者未有不精拳術。習此劍術如同習拳，「三害」「九要」一定遵守。一招一式潛心練習，久之貫為一氣。

劍出於拳，以拳為基礎。拳、劍在習練要求中有共性，如頭、手、足、身、目，呼吸及意氣力之鍛鍊，但又各具個性。諺云：拳有拳法，劍有劍道。劍分兩刃，增加了攻擊對方的威力和範圍。劍法就是解決如何盡力發揮劍之在攻防中的作用和威力，由此也增加了習練的難度。如孫式劍法，既有劈、崩、點、刺、撩、攪、抹、掛的用法，也糅合了八卦劍的挑、托、抹、掛、剮、搜、閉、掃、順、截等用法。劍的練習古來即稱舞劍，這就要求身體各部位緊密配合，高度協調。

孫式太極劍分上下兩路，合而為一可單練，上、下劍分而練之互為攻防，劍之用法盡在其中。

第二節　孫式太極劍持劍法與劍指

一、劍　指

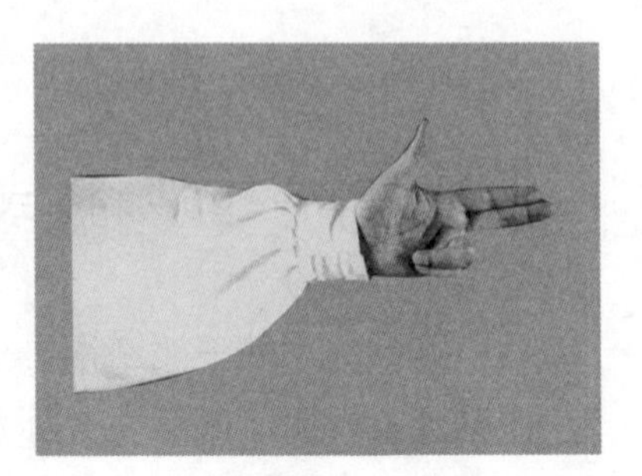
圖 1

練劍時，一手持劍，另一手應握成劍指（也稱劍訣）。各武術門派，劍指不盡相同，孫式太極劍的劍指，是將食指、中指併攏伸直，無名指與小指屈回，拇指伸直（圖 1、圖 2）。但應指出，劍指並非固定不變之規，因手指之屈伸是在助右手之運劍，因此劍指可隨劍勢而變，不必拘泥於一定手型。

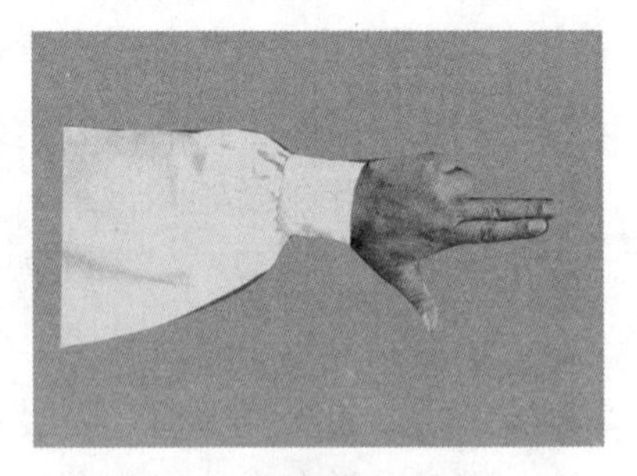
圖 2

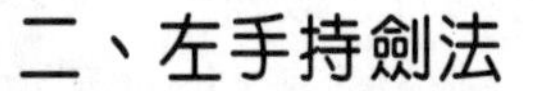

二、左手持劍法

左手持劍係指背劍（劍背於臂後），孫式太極劍左手持劍（背劍），是左手虎口對著劍柄，拇指、中指、無名指及小指由劍柄兩側握住劍格（護手），食指伸直貼於劍柄之上，劍身平貼於左臂後（圖 3）。

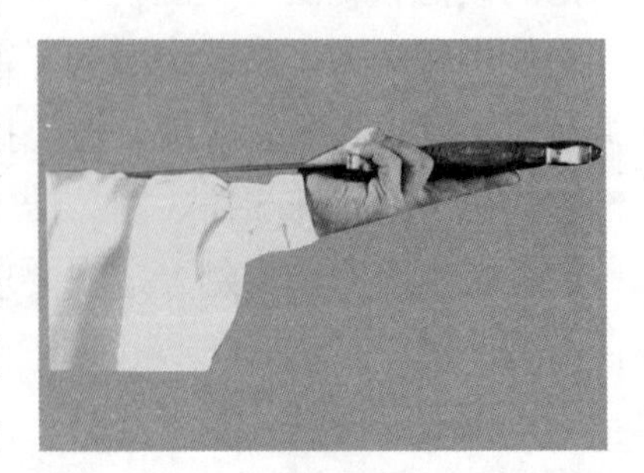
圖 3

三、右手持劍法（也稱把法）

無論何種劍法，往往都是在把法（握劍法）的變化操縱下才能做得正確，因此握劍法是隨著不同劍法的變化而變化。一般來講，很少有用「死劍把」（五指牢牢緊握劍柄）的。孫式太極劍右手握劍，是虎口對向劍刃，以拇指、中指、無名指鬆握劍柄，食指及小指可隨運劍而靈活移動，這種握劍法謂之「活劍把」，如此運劍方能靈活多變。

四、陰陽把之分

練劍時，隨著劍勢變化，握劍之右手腕和前臂不時裡裹外扭，其裹扭之內外角度，傳統是按太極圖來命名，如中陰中陽；少陽；太陽；老陽；少陰；太陰；老陰。其說明如下：

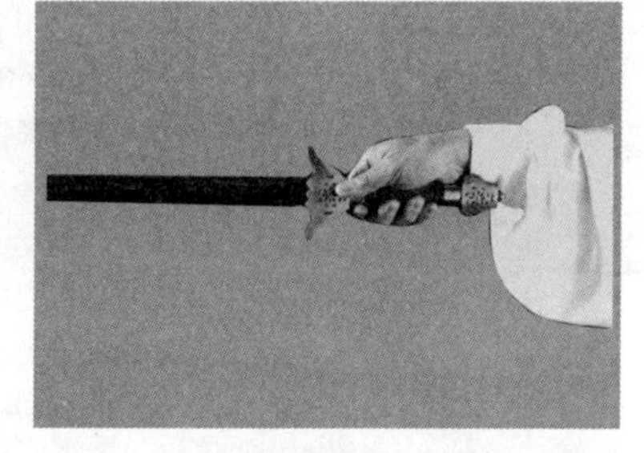

圖 4

中陰中陽

右手握劍，手心向左，虎口朝上或向前，手背向右，劍尖向前或向上或向前下方（圖 4）。

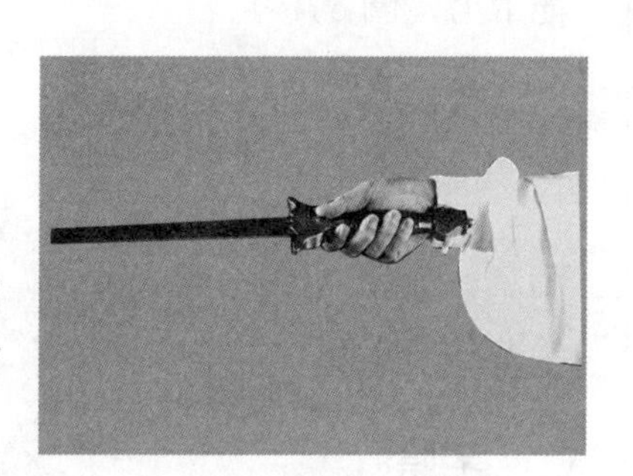

圖 5

少陽

右手握劍，手腕自中陰中陽向裡裹 45°，手心半面向上，虎口朝右上方（圖 5）。

太陽

右手握劍，手腕自中陰中陽向裡裹 90°，手心向上（圖 6）。

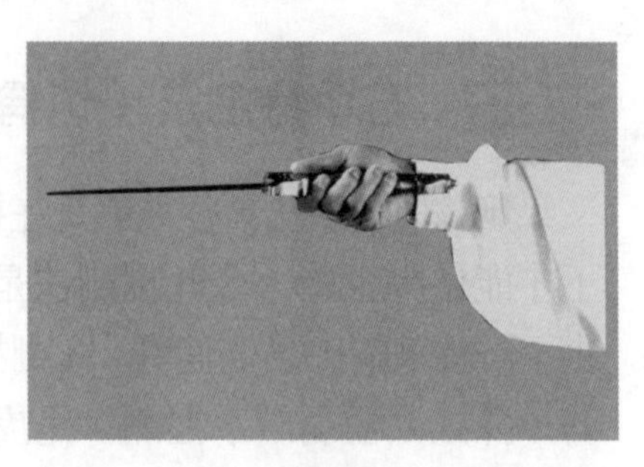

圖 6

老陽

右手握劍，手腕自中陰中陽向裡裹至極處，虎口向右下方（圖 7）。

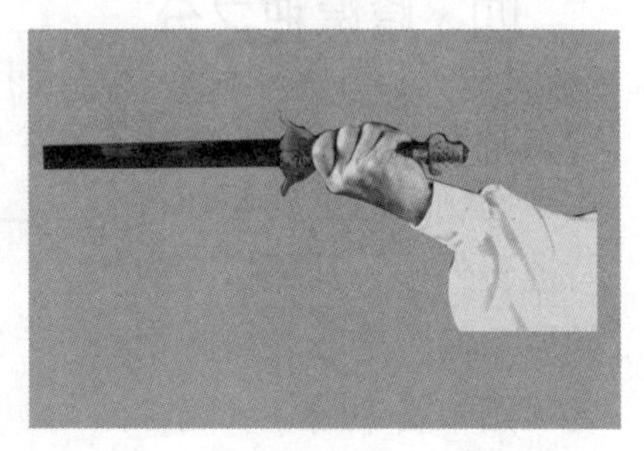

圖 7

少陰

右手握劍，手腕自中陰中陽向外扭 45°，手心半面向上，虎口朝左上方（圖 8）。

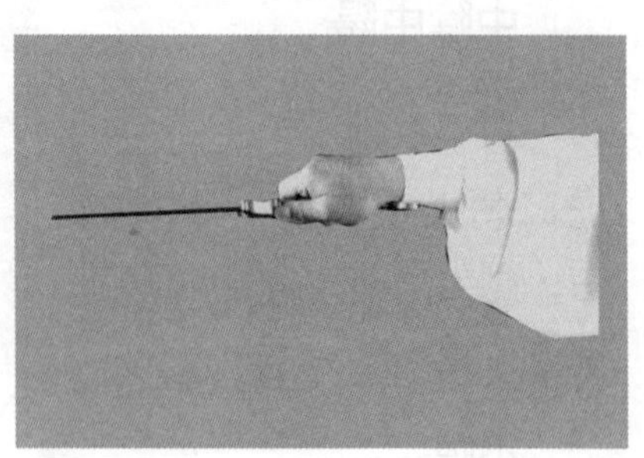

圖 8

太陰

右手握劍，手腕自中陰中陽向外扭 90°，手背朝上（圖 9）。

老陰

右手握劍，手腕自中陰中陽向外扭至極處，虎口向左下方（圖 10）。

圖 9

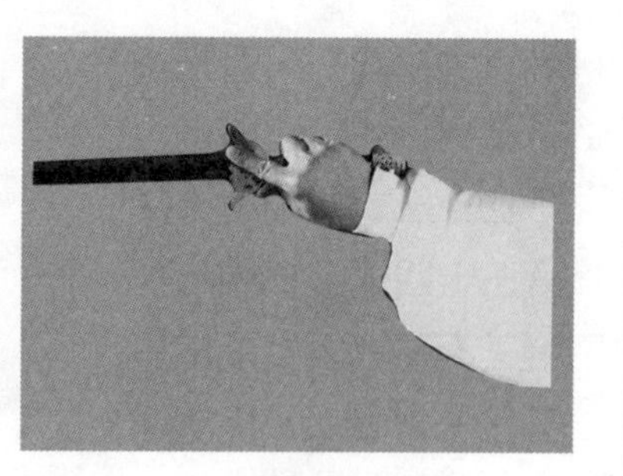

圖 10

第三節 孫式太極劍傳統套路動作名稱

上 劍

第 一 式 起勢
第 二 式 白鶴亮翅
第 三 式 雙龍出水
第 四 式 鷂子翻身
第 五 式 單舉鼎
第 六 式 仙人指路
第 七 式 青龍返首
第 八 式 釣魚劍（太公釣魚）
第 九 式 青龍抬頭
第 十 式 單舉鼎
第十一式 青龍獻爪
第十二式 鳳凰點頭
第十三式 天邊掃月
第十四式 猛虎截路
第 十 五 式 青龍縮尾
第 十 六 式 黑虎出洞
第 十 七 式 平沙落雁
第 十 八 式 青龍入海
第 十 九 式 懷中抱月
第 二 十 式 鴻雁送書
第二十一式 鷂子束身
第二十二式 孤雁出群
第二十三式 蜻蜓點水
第二十四式 回頭望月
第二十五式 敗勢
第二十六式 妙手背斬
第二十七式 大鵬展翅
第二十八式 猛虎截路
第二十九式 推窗望月
第 三 十 式 順勢撩腕

第三十一式　蜻蜓點水
第三十二式　磨盤劍
第三十三式　副膀
第三十四式　撩腕
第三十五式　青龍縮尾
第三十六式　黑虎出洞
第三十七式　懷中抱月
第三十八式　鷂子翻身

下　劍

第三十九式　單舉鼎
第 四 十 式　擠步黑虎出洞
第四十一式　抽樑換柱
第四十二式　外截劍
第四十三式　懷中抱月
第四十四式　白蛇伏草
第四十五式　探海劍（夜叉探海）
第四十六式　掛劍（封侯掛印）
第四十七式　鷂子束身
第四十八式　孤雁出群
第四十九式　烏龍絞柱
第 五十 式　青龍縮尾
第五十一式　擠步黑虎出洞
第五十二式　裡截劍
第五十三式　鷂子束身
第五十四式　孤雁出群
第五十五式　蜻蜓點水
第五十六式　磨盤劍
第五十七式　鷂子入林
第五十八式　懷中抱月
第五十九式　副膀撩腕
第 六十 式　插花蓋頂
第六十一式　鷂子翻身
第六十二式　收勢

第四節　孫式太極劍傳統套路動作圖解

孫式太極劍單練套路分上、下兩路。上劍套路從第一式「起勢」起至第三十八式「鷂子翻身」止；下劍套路從第三十九式「單舉鼎」起至結束。上、下劍合而為一可單練，分而練之互為攻防。

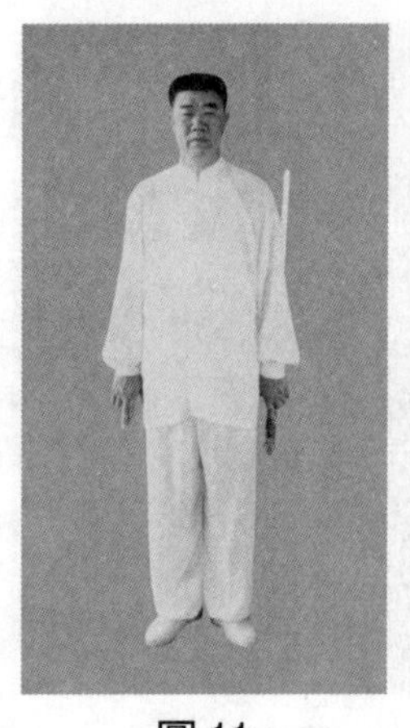
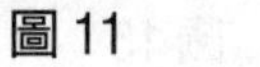
圖 11

圖 12

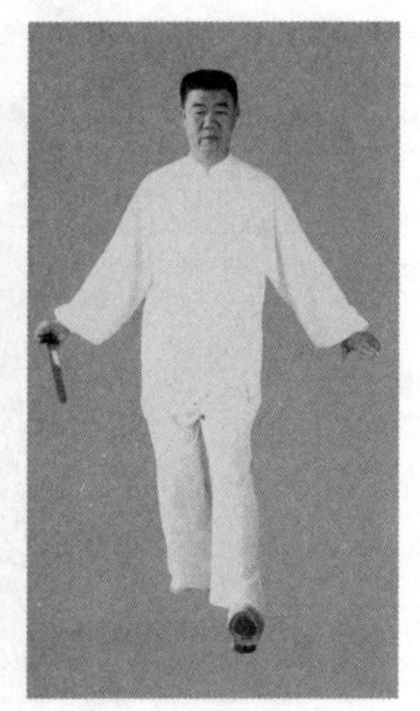
圖 13

上　劍

第一式　起　勢

身體直立，足跟併攏，腳尖分開成 90°（或平行）；左手持劍，劍靠左臂後，兩臂自然下垂；兩目向前平視，平心靜氣，氣沉丹田，精神貫注（圖 11）。

第二式　白鶴亮翅

兩手同時徐徐抬起，手背朝上，從身體兩側向前各畫半弧至胸前，兩手在胸前相遇；此時劍斜橫胸前，劍尖指向左後方，當兩手交叉時右手順勢接劍；然後右腿向後直撤一步；兩手再循原路線向左右分開，回到身體兩側至兩肋處，劍尖向前，劍高與腹齊，兩手分開時左手變成劍指；身體重心放在後腿，左足尖翹起，足跟著地。眼看劍尖（圖 12、圖 13）。

圖 14

圖 15

第三式　雙龍出水

接前式。兩手腕同時裡裹至手心朝上，並向前伸出，劍尖和左手劍指皆指向前，兩臂成自然彎曲，高與胸平；當兩手前伸時左腳向前墊半步。眼看劍尖（圖 14）。

第四式　鷂子翻身

接前式。兩手腕同時向下、向後翻扭，兩臂隨之向後抽至兩肋下，各在體側同時翻轉畫一圓圈下落至兩胯旁；右手劍成中陰中陽（虎口朝前），劍尖向前，左手心朝下，劍指向前，兩手下落要有按勁，劍身與虎口直平；當兩手向下翻按時，右腳向前邁出一步，落在左腳前，左腳隨之跟上與右腳齊，兩腿微屈（圖 15、圖 16、圖 17）。

第五式　單舉鼎

接前式。右手持劍不動，左手劍指極力朝裡裹，至手心

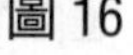

圖 16

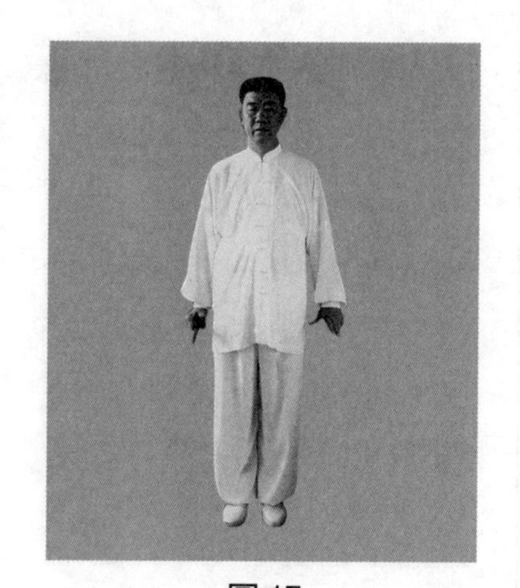

圖 17

圖 18

圖 19

朝上，邊裹邊向上經胸前向頭頂上方直伸，似托舉重物之狀；舉到極處，眼看左手；兩腿隨左手上舉而徐徐直立；右手始終以中陰中陽握劍，劍平著，劍尖向前不動（圖 18、圖 19）。

圖 20

圖 21

第六式　仙人指路

接前式。在原地震右腳，右足落地之後，左足提起，足心靠右膝，腳面繃起；左足提起時，右手劍同時向右方刺出，手成中陰中陽（虎口朝上），劍與右肩平；同時，左手由頭頂向下右畫至右肘處；眼看劍尖，式微停（圖 20）。接著右手壓腕。劍尖上畫指向左，經前額上方向身體左方刺出，劍高與肩平，手心向外（老陰）；身體同時左轉，並向左落下左足；左手在轉身時即向身後畫去，手心朝上，臂微屈。眼看劍尖（圖 21）。

第七式　青龍返首

接前式。右手劍由老陰裹成老陽（手心向上），裹時使劍輕攬，鬆劍把，使劍尖向下在身體右側畫一弧線，靠著身子向後穿去，手成中陰中陽（虎口向上），劍與臂成直線；同時，左手在劍向後穿時，順著右腕手心朝前推去，與右臂

圖 22

圖 23

成一直線；右腳在劍向後穿時，向前邁去，腳尖外擺成 45°落地，兩腿成剪子股式；重心移至右腿，左腳跟欠起，腳尖向裡扣，身體略下蹲。眼看劍尖（圖 22、圖 23）。

第八式　釣魚劍（太公釣魚）

接前式。右手向裡裹成老陽（手心朝上外），然後如甩釣魚竿狀向前甩去（用腕力向前點去），劍刃垂直，劍與肩平，劍尖稍低，眼看劍尖；當劍向裡裹時，左腳向前邁出，落在右腳前；當劍甩過去時，右腳跟上與左腳齊，兩腿直立；右手甩劍向前時，左手同時向後甩去，畫下半圓形，手心朝上伸向身後，與身體成約 45°（圖 24）。

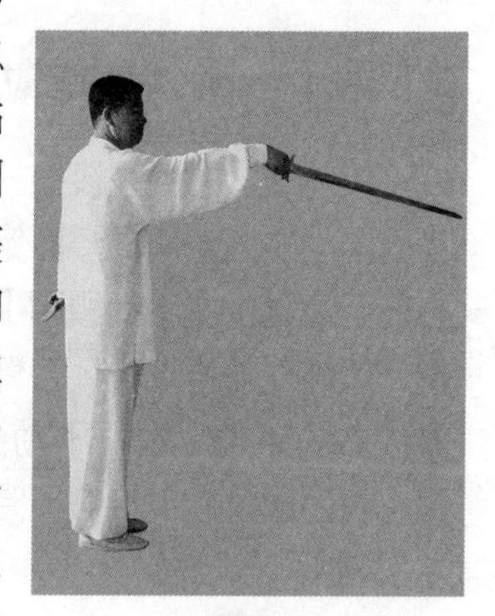

圖 24

第九式　青龍抬頭

圖 25

接前式。右腕用力向下，手隨之下落至腹前，稍鬆劍把，使劍尖上揚，指向前上方，劍與臂成 90°；同時，兩腿下蹲，將腰塌住，腿屈成 135°；左手仍在身後原處不動。眼看劍尖（圖25）。

第十式　單舉鼎

圖 26

接前式。右手劍抽回右側，劍身放平，劍尖指向前方，手靠於右胯；左手手心裹至向上，順著身子向上舉，如托舉重物舉過頭頂。動作同第五式（圖26）。

第十一式　青龍獻爪

接前式。右腳往後撤一步，步子大小隨人身體高矮而定，重心移至右腿；左手從頭頂上向下畫一弧線往前推按去，手臂成半月形，劍指指向前方；右手靠住右胯不動；左腿不動而虛，身體稍往前俯，腰要塌住勁；右手劍隨右腿後撤同時隨身子往後抽，劍尖下傾。眼看左手劍指（圖 27）。

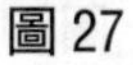
圖 27

圖 28

第十二式 鳳凰點頭

接前式。右手將劍尖向上、向前伸出，高與眉齊時往下點去；同時，左手扶住右腕；左腳同時提起，腳心靠近右膝內側，腳面繃住，身體挺直；右手成中陰中陽（虎口朝上）。眼看劍尖（圖 28）。

第十三式 天邊掃月

接前式。右手裹成太陽（手心朝上），並使劍向右再向左畫半圓，經面前掃過，眼看劍尖；左腳同時落地靠近右腳（圖 29）。

圖 29

第十四式 猛虎截路

接前式。右手劍經面前掃過，

圖 30

圖 31

繼續向左畫弧，式不停，手心朝下，向身前攔截而去，兩手與小腹平，劍尖稍低偏右；右腳在劍往前攔截時提起，足心靠左膝內側，劍柄在右膝內側，腳面綳住，眼看劍尖；左手仍扶於右腕上（圖 30）。

第十五式　青龍縮尾

接前式。右手裡裹至中陰中陽（虎口朝上）將劍抽回，劍首抵住腹部；左手仍扶在右腕上；腳不動如前式。眼看劍尖，身體稍起（圖 31）。

第十六式　黑虎出洞

接前式。右腳向前邁出落地，腳跟與左足內踝骨成一直線；在右腳向前邁出的同時，右手劍向前直刺出去，手仍中陰中陽（虎口朝上），上身要直；左手仍輕扶於右腕之上；成右弓步（圖 32）。

圖 32

圖 33

第十七式　平沙落雁

接前式。右手劍與右足同時往回撤，足尖外擺；右手劍隨撤隨扭成太陰（手心朝下），至身體右側；身體下蹲，劍隨身勢下落，下落時與膝蓋成垂直線；左腳以腳掌為軸，足跟往外扭，足跟欠起，身體隨之右轉約 45°，左膝靠右膝窩處，身體下蹲至臀部距左足跟約 15 公分左右；左手仍扶於右腕處，劍平於右腿脛骨處，離地 8 公分左右。眼看劍尖（圖 33）。

第十八式　青龍入海

接前式。左右手分開；左腳蹬勁，兩腿立起；左右手往上各畫半圓，當與眉齊時，右手劍扭成老陰（手心朝右側方）向前斜下方刺去；同時左腳往前上步，左腳落地時足尖微向裡扣，步子大小隨人高矮而異；當右手劍刺出時，左手扶於右腕。眼看劍尖（圖 34）。

圖 34

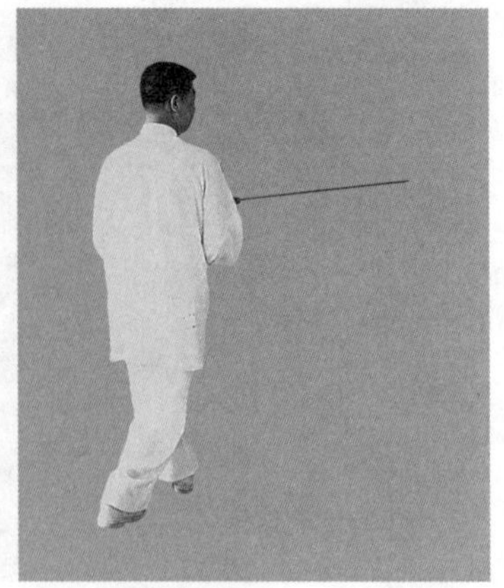

圖 35

第十九式　懷中抱月

接前式。右手劍裹成太陽（手心朝上）；同時左腳撤至右足前，足尖外擺，左腳外踝骨對準右足尖；右腳跟欠起，以腳掌為軸向左轉身；右手劍和左手同時往後抽，至劍柄到胸前，劍首抵住左手心，雙手均在懷中，左手指尖朝上；身半向左側，兩腿略蹲屈。眼看前方（圖 35、圖 35 附圖）。

圖 35 附圖

第二十式　鴻雁送書

接前式。右手劍直著向右前方平刺出，持劍右手成太陽（手心朝上）；右腳在劍刺出的同時上步，右腳落地時足尖

圖 36

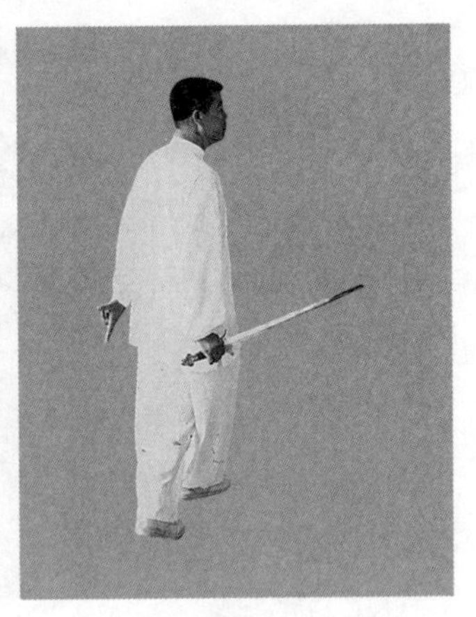

圖 37

裡扣，身體略偏向右側；在劍刺出時左手與右手平均分開，左手向後伸出，並塌腕，兩臂成一水平線；左腳跟至與右腳併齊，足尖微外擺。眼看劍尖（圖 36）。

第二十一式　鷂子束身

接前式。左腳往右腿後面斜撤半步，至足尖對著右腳外踝骨，腳掌著地，足跟欠起；當左足後撤時，左右手同時向兩側抽回，靠緊兩胯，左手心向左後方，右手劍中陰中陽（虎口向前），劍尖稍揚起；身子稍向右扭；兩眼平視前方，身子仍斜著（圖 37）。

第二十二式　孤雁出群

接前式。左足跟落地，右腳向身體右前方進步；右手劍成太陰（手背朝上），刺向右側前方；左腳跟步與右腳齊；左手劍指舉至左額上方，手心朝上。眼看劍尖（圖 38）。

圖 38

圖 39

第二十三式　蜻蜓點水

接前式。右腳橫步，左腳扣步，與右腳成一倒八字形；右手劍由太陰（手背朝上）裹成老陽（手心向右外側），然後在身體右側翻轉一圈，翻成中陰中陽，然後劍尖再向前點去，右手劍仍成中陰中陽（虎口朝上）；當劍下點時，右腳同時提起，足心靠左膝內側，腳面繃住；左手扶於右手腕上。眼視劍尖，劍尖略下傾（圖 39、圖 40、圖 41）。

第二十四式　回頭望月

接前式。左手從右肋下向左穿去，手背向上，穿到身後再將手心翻向上；右手劍成太陰（手背朝上），直往後拉，右臂成半圓形，仍手背朝上；眼順劍尖往後看；當右手拉劍的同時，右腳向左腳右後方落去，成弓步，劍與胸平（圖 42）。

圖 40

圖 41

圖 42

圖 43

第二十五式　敗　勢

接前式。頭向右扭轉成向前看，手與劍不動；左腳先邁出，如自然行走，走三步時，左腳外擺。在行步時雖不回頭，但應全神貫注身後（圖 43、圖 44、圖 45）。

圖 44

圖 45

第二十六式　妙手背斬

圖 46

接前式。右腳扣步，身向左後轉 180°，左腳橫著向前墊步，腳落地與右腳成錯綜八字形，右腳隨之稍跟步，右膝抵住左膝窩處，身體下蹲；左手與右手劍都裹成太陽（手心朝上），當左腳墊步邁出時，兩手向前上方橫截去，兩手相交，左手心托住右手背，手與眼平，劍身斜向前上方（圖 46、圖 47、圖 48）。

第二十七式　大鵬展翅

接前式。兩臂向左右分開，同時身體漸起，兩手手心向上，兩手與胸腹之間相齊，如展翅起飛之狀，劍尖低於手；

圖 47

圖 48

圖 49

圖 49 附圖

重心移至右腿，眼看前方。此為過渡動作，速度應快，不停式（圖 49、圖 49 附圖）。

第二十八式　猛虎截路

接前式。兩手向裡合攏，劍向左下方截去，劍尖下垂，

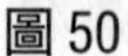
圖 50

圖 51

左手心托住右手背，兩手手心向上；當截劍時，左腳同時提起，腳心靠右膝內側，腳面繃住，上身稍往前探，胸腹略內含（圖 50）。

第二十九式　推窗望月

接前式。左腳往右腿後落去，腳尖對著右腳外踝骨，腳掌著地，腳跟欠起；同時，左右手分開，左手在前，右手劍在後，即右手手心向上、往右後方截出（順勢崩出），左手劍指手心向外、往左上方推出，略高於眉，右手劍與左臂成一斜直線。眼看左手食指（圖 51）。

第三十式　順勢撩腕

接前式。左腳以腳掌為軸向裡扭，扭成與右腳成錯綜八字，腳跟落地，右腳即向前邁出；右手劍同時裹成老陽（手心向右上方），自下往上畫半弧形向上撩去，撩到劍與肩平；左腳跟步與右腳齊；左手劍指移至左額左上方，手心朝

圖 52

圖 53

圖 54

圖 55

外。眼看劍尖（圖 52）。

第三十一式　蜻蜓點水

動作見二十三式（圖 53、圖 54、圖 55）。

圖 56

圖 57

第三十二式　磨盤劍

接前式。右手劍扭成老陰（手背半面朝上，虎口向左下方），往上提劍，向身體右側由上畫圓，高不過頭；右腳同時向右方落下；劍再由下往上畫，最後將劍托起，手心朝裡，劍刃上下垂直，劍身與眉齊，劍尖略低，眼看劍尖；左手劍指在右手劍把往上提時，

圖 58

順右肋由下往左上畫一圓圈，仍回到頭左上側，手心朝外；右腳在劍托起時，向左前方邁出，向右轉走半圈，步數不拘，視場地而定，但須右腳在前時停住（圖 56、圖 57、圖 58、圖 59、圖 60）。

圖 59

圖 60

第三十三式　刷膀

接前式。左腳前邁，與右腳扣成倒八字形；右手劍同時向左膀外刷去，胳膊伸直，往下至臍處，右手劍為中陰中陽（虎口朝上）；左手手心翻向下穿至右腋下，手心再向右外；腰塌住勁，兩腿微屈。眼隨劍走（圖 61）。

圖 61

第三十四式　撩　腕

接前式。劍不停，右手劍由中陰中陽扭成老陰（虎口朝左下方），從身左側向下再向上畫半圓弧，再向上撩去，劍尖與肩平，眼看劍尖；右腳在撩劍同時後撤，右腳落地後，左腳以足跟為軸，腳尖略向裡扣，兩足成一斜長方形，步子

圖 62

圖 63

大小隨人身體高矮而定；左手同時順勢往身後畫去，手心朝上（圖 62）。

第三十五式　青龍縮尾

接前式。右手劍向裡裹成中陰中陽（虎口朝上），將劍抽回至腹前，劍首抵於小腹，劍尖向前指略上揚；右腳在劍抽回時提起，腳心靠左膝內側；左手於劍抽回時向下、再向上畫一半圓弧，手心向下，扶住劍把（圖 63）。

第三十六式　黑虎出洞

接前式。動作見第十六式，惟方向略斜（圖 64）。

第三十七　懷中抱月

接前式。右手劍向裡裹，同時將劍平著抽回至胸前，劍成太陽（手心朝上）；左手劍指朝上，以手心抵住劍首；右腳同時撤到左腳旁，腳掌著地，腳跟微欠起，兩腿微屈。眼

圖 64

圖 65

向前看（圖 65）。

第三十八式　鷂子翻身

接前式。右足後撤一步；同時，兩手翻轉，兩臂也隨著往後翻一弧形；當兩臂再往前翻落時，左足再往後退一步，落在右足左後方，右腳撤至與左足成正八字形，兩腿微屈；兩手翻落至垂於身體兩側。劍為中陰中陽（虎口朝前），左手劍指手心朝下，指尖向前，按住勁。眼看前方（圖 66、圖 67、圖 68）。

圖 66

圖 67

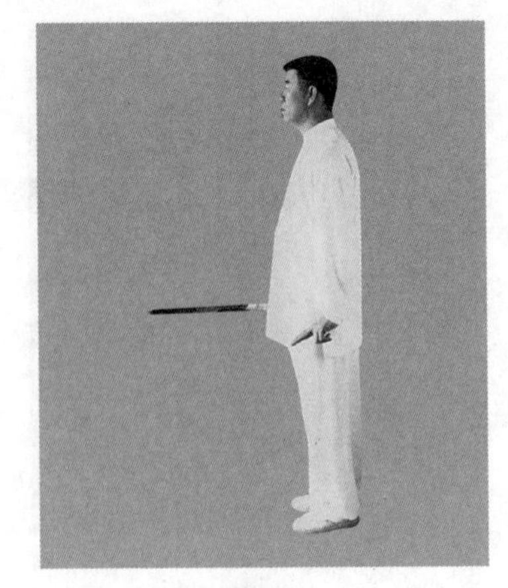
圖 68

下　劍

第三十九式　單舉鼎

接前式。動作見第五式（圖 69）。

第四十式　擠步黑虎出洞

接前式。兩手不動，眼平視；先向前邁右腳，再邁左腳，左腳落地後再向前墊跳半步，右腳再立即邁向前方，兩腿成弓步；當右腳落地時，將劍向前直刺出去，手成中陰中陽（虎口朝前，劍刃垂直）；左手自額上下來扶在右腕上，劍與前臂平，眼看劍尖，上身微向前傾，腰塌住勁（圖 70、圖 71、圖 72）。

第四十一式　抽樑換柱

接前式。左腳往後稍移，重心由右腿移向左腿，右腳尖

圖 69

圖 70

圖 71

圖 72

抬起，身向後抽坐；在移動腿的重心時，左手仍扶在右腕上，右手劍隨身體抽坐也往後抽，並使劍尖由下往上似畫一立橢圓形再向前刺出，右手仍成中陰中陽（虎口朝前），劍高與前臂平；在劍刺出時，左腳同時提起，腳心靠右膝內側；左手不離右腕，隨右手同畫一立橢圓形。眼看劍尖，身

圖 73

圖 74

微前傾（圖73、圖74、圖75）。

圖 75

第四十二式　外截劍

接前式。左手向裡裹至手心朝上，隨之又扭至手心向左後；同時，右手劍裹至太陽（手心朝上），然後壓劍把扭成太陰（手心朝右下方）向外截去；左腳同時向後落成左弓步；劍尖離地約 30 公分，左手同時從身前向左伸出；左膝不超過左腳尖。眼看劍尖（圖 76）。

第四十三式　懷中抱月

接前式。右手劍向裡裹成太陽（手心朝上），並將劍柄抽回在胸前；左手劍指也回到劍柄處，劍指上指，手心抵住

圖 76

圖 77

劍首；右腳同時撤到左腳旁，腳掌著地，腳跟與左腳內踝骨相對，兩腿微屈（圖 77）。

第四十四式　白蛇伏草

接前式。右手劍由太陽（手心朝上）扭成中陰中陽（虎口朝上），邊扭邊向前刺出；左手向下畫半圓形向後伸出，手心向上，劍指指向後下方；右腳於兩手前後分開時向左腳後邊撤去，腳掌著地，足跟欠起，足尖對左腳外踝骨，右膝頂在左膝窩處；身體向下蹲去，至臀部，距後足跟約 30 公分，式子稍低些，劍與前臂平（圖 78）。

圖 78

圖 79

圖 80

第四十五式　探海劍（夜叉探海）

接前式。左手向上畫弧形至左額上方，手心向外；同時右腳向右前方斜著邁去，兩腳成一長方形，身向左偏；同時，右手劍撤至右胯前，手成中陰中陽（虎口朝前），劍尖向左前方；動作不停。左手向前、向下畫半圓形落至左胯處，劍指指向下方；右手劍提起，劍柄在右額側上方，握劍由中陰中陽扭成老陰（手心向右外側）；不停式。左手經胸前向上方畫弧抬至左額上方，手背靠住額頭，手心向外；同時右手劍向前下方刺出，仍是老陰（手心向右）；同時左腳提起，腳心靠右膝內側，眼看劍尖。此三個動作應連貫，中間不停（圖 79、圖 80、圖 81）。

第四十六式　掛劍（封侯掛印）

接前式。左腳向後撤落地；左手同時下落扶住右腕；右手劍壓劍把下落，並由老陰（手心向外）裹成中陰中陽（虎

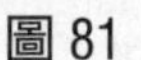

圖 81

圖 82

口向前上方），劍尖由下刺變為上挑（有崩挑之意）（圖82）。

第四十七式　鷂子束身

接前式。左腿移至右腳後面，腳尖對右腳外踝骨，腳掌著地，腳跟欠起，左腳膝蓋抵右腿膝窩；在動左腳時，左右手同時向身體兩側抽回至兩胯處，左手劍指指向下，右手劍成中陰中陽（虎口朝前），劍把靠右胯，劍尖稍揚起；兩腿微屈，重心在左腿，身體略斜。眼視前方（圖83）。

圖 83

第四十八式　孤雁出群

接前式。動作見第二十二式（圖 84）。

第四十九式　烏龍絞柱

接前式。左手向右肋伸去又向左摟回；右腳同時往左邁步，落腳為橫步，落在左腳前面；同時，右手腕由左往右轉，使劍尖畫一圓圈，接著再畫一半圓；同時左足微扣，與右足呈倒八字狀；左手往下、往上成半圓，扶住右手腕，劍尖稍低；同時兩腿微屈；劍尖上揚，隨即劍尖往下點；當劍尖下點時，右腳提起，腳心靠

圖 84

圖 85

圖 86

圖 87

圖 88

左膝內側，劍把為中陰中陽（虎口朝上）（圖 85、圖 86、圖 87、圖 88）。

第五十式　青龍縮尾

前式不停。兩手將劍抽回，劍首靠於腹部中間，劍把仍為中陰中陽（虎口朝上）；右腳提著不動。眼看前方（圖 89）。

圖 89

第五十一式　擠步黑虎出洞

接前式。右腿向前落步，隨即左腿向前邁一步，左腳落地後再向前墊跳半步，右足再立即邁向前方，成右弓步，當右足落地時，將劍向前直刺出去，手成中陰中陽（虎口朝前，劍刃垂直），左手扶在右腕上，劍與前臂平；眼看劍

圖 90

圖 91

尖；上身微向前傾，腰塌住勁（圖 90、圖 91、圖 92）。

圖 92

第五十二式　裡截劍

接前式。右手劍向裡裹成太陽（手心朝上），劍尖如畫一弧形向裡截去，手心仍朝上；左腳略向後移動一小步；身向左扭；劍與肩臂成一斜直線，左手同時由手心朝裡翻，成手心朝外，向左方伸開，停住，手臂成半月形（圖 93）。

第五十三式　鷂子束身

接前式。先將身體重心向右腿轉移，隨之將左腳移至右腿後面，左腳腳掌著地，足跟微欠起；在腿部動作的同時，

圖 93

圖 94

圖 95

兩手撤回在兩胯後，劍尖朝前並上揚，左手劍指手心朝後。眼視前方（圖 94）。

第五十四式　孤雁出群

接前式。動作見第二十二式，惟方向相反（圖 95）。

圖 96

圖 97

圖 98

第五十五式　蜻蜓點水

接前式。動作見第二十三式，惟方向相反（圖 96、圖 97、圖 98）。

第五十六式　磨盤劍

接前式。動作見第三十二式，惟方向相反（圖 99、圖 100、圖 101、圖 102、圖 103、圖 104）。

圖 99

第五十七　鷂子入林

接前式。右腳在前停住；右手劍把往上提至頭部上方；同時左腳上步裡扣，與右腳成倒八字形；右手劍成老陽（手心向右上

圖 100

圖 101

圖 102

圖 103

方），劍尖向斜下方再平穿出去，成中陰中陽（虎口朝上）；左手劍指扶於右手劍首；右腳與劍尖成一直線向前邁去，兩腿成弓步，步子大小與人體高矮相稱；劍穿出後，劍與臂平，略低於肩。眼看劍尖（圖 105、圖 106、圖 107）。

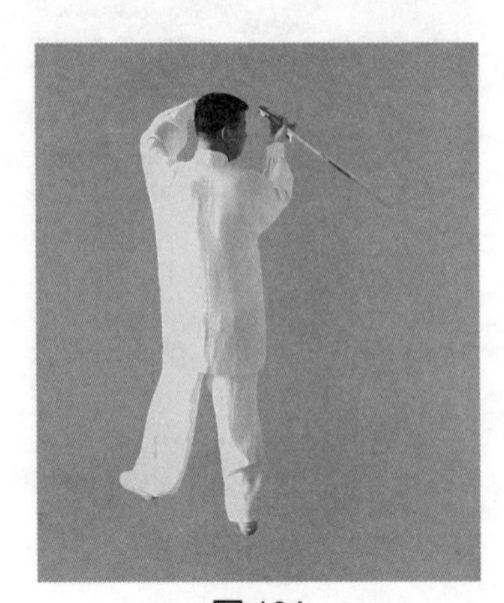
圖 104

圖 105

圖 106

圖 107

第五十八式　懷中抱月

接前式。右腳撤至左腳旁，腳掌著地；右手劍向裡裹，成手心朝上（太陽），將劍平著抽回至胸前；左手劍指朝上，手心抵住劍首。眼視前方（圖 108）。

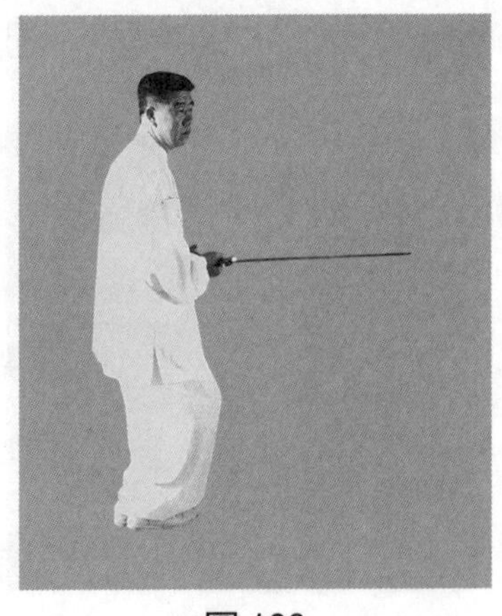

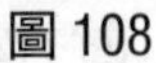
圖 108

圖 109

第五十九式　𠝹膀撩腕

接前式。右手劍向左膀外側𠝹去，劍把成中陰中陽（手心朝裡）；左手劍指手心朝外，貼於右腋下，眼視劍尖；腰塌住勁，腿微屈（圖 109）。此式不停。右手劍向後下方再向上方畫一圓弧形，順勢反手撩出，劍成老陰（手心向右），劍與臂平；右腳在劍撩出同時後撤，重心在左腳；在右手劍撩出、右腳後撤的同時，左手順著身子向下、向後摟去，手心朝上（圖 110）。

圖 110

第六十式　插花蓋頂

接前式。右手劍由老陰翻成中陰中陽，即劍尖往下、往

圖 111

圖 112

後再往上前方畫一立圓劈去，手腕裏轉時要墜肘，劍把成中陰中陽（虎口朝上）；在右手劍翻轉時，左手扶於右腕上；右腳同時向右前方上步，左腳隨之跟步，與右腳齊。身子直立，劍與臂平，稍低於肩。眼視劍尖（圖 111）。

第六十一式　鷂子翻身

接前式。兩手同時翻轉，兩臂隨著向後翻一弧形，再翻向前，即將劍尖在身右側畫一圓圈；左手在身左側畫一圓圈，兩手翻到胸前時手心朝下，然後同時分開；分開時，左腳撤步到右腳後橫腳落地，右腳再撤後一步，左腳以足跟為軸向右轉身，兩腳平行；隨後，右手劍裹成手心朝下、向右帶去，再裹成太陽，劍把再領至左側，扭成太陰，劍尖朝左後方；左手在劍外側，手心朝上接劍（圖 112、圖 113、圖 114、圖 115、圖 116、圖 117）。

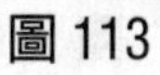
圖 113

圖 114

圖 115

圖 116

圖 117

第六十二式　收　勢

接前式。左手接過劍後，左腿隨著身體重心右移，與右腿併攏；右手變成劍指，隨身體重心右移，從下往右再往右額上方畫一半圓弧形，至右額上方停住，手心向外；左手劍

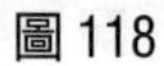
圖 118

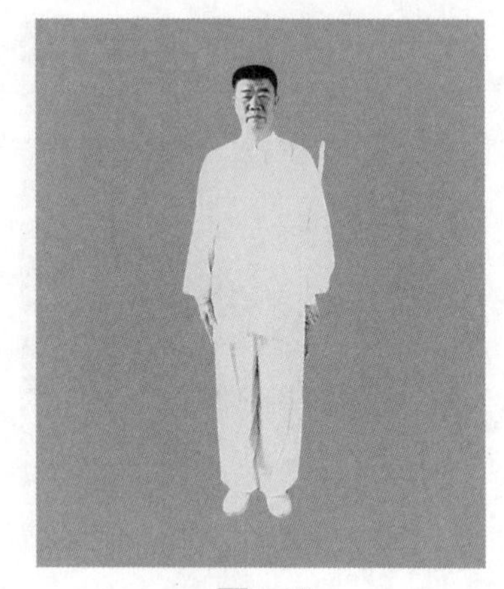

圖 119

亦同時向右上方畫一圓弧回到左臂後，此時成背劍直立。而後右手自然落下，兩臂垂直還原（圖 118、圖 119）。

第八章　孫式太極劍對練套路（六十式）

第一節　孫式太極劍對練套路說明

一、孫式太極劍及其對練套路，都是祿堂公生前所創編，當年在鎮江江蘇省國術館已開始授徒，遺憾的是祿堂公未來得及發展。孫式太極劍於 1997 年由孫劍雲大師首次編寫成文，發表在孫劍雲著的《孫氏太極拳・劍》一書中。對練套路也首次編入此書中。

祿堂公在世時已經在國內推廣，並由其弟子們向國外推廣。當年祿堂公女弟子馬蘭和童麟珠二人對劍達到天衣無縫的熟練程度，並任女子拳術組教練。近 80 年來，經孫劍雲大師的教學錘煉，已達爐火純青之境界。

二、孫式太極劍是以孫式太極拳為基礎的，精拳術未必精劍法，而精劍法者必定精於拳術。俗云：劍乃手的伸長。運劍仍以意氣當先，以身眼手步為輔。所以，要練好劍必須練好拳，要練好對劍，必須練好單劍，從而達到身、劍合一。

三、孫式太極劍和拳一樣，亦是熔形意劍、八卦劍、太極劍三家於一爐，博採眾劍術之長，其身眼步法、技術特點、練習要求同於太極拳。該劍套路練起來動靜有序、沉穩靈活、勢停而意尤長。既有形意拳雷霆萬鈞之勢，勇往直前，如擠步黑虎出洞，又有閃展騰挪之磨盤劍。經常對練，才能配合默契，熟能生巧，以至龍飛鳳舞而階及神明。

第二節　孫式太極劍對練套路動作名稱

預備勢

一、甲、乙起勢

二、甲、乙白鶴亮翅

三、甲、乙雙龍出水

四、甲、乙鷂子翻身

五、甲、乙單舉鼎

六、甲、乙仙人指路

七、甲、乙青龍返首

八、甲、乙釣魚劍（太公釣魚）

九、甲、乙青龍抬頭

十、甲、乙單舉鼎

十一、乙擠步黑虎出洞（乙先進擊）　甲青龍獻爪、鳳凰點頭

十二、乙抽樑換柱甲天邊掃月

十三、甲猛虎截路　乙外截劍

十四、甲青龍縮尾、黑虎出洞　乙懷中抱月

十五、乙白蛇伏草　甲平沙落雁

十六、甲青龍入海　乙探海劍（夜叉探海）

十七、甲懷中抱月　乙掛劍（封侯掛印）

十八、甲鴻雁送書　乙鷂子束身

十九、甲鷂子束身　乙孤雁出群

二十、甲孤雁出群　乙烏龍絞柱（1）（2）（3）

二十一、甲蜻蜓點水　乙青龍縮尾

二十二、甲回頭望月　乙擠步黑虎出洞（跟進）（1）

二十三、甲敗勢　乙擠步黑虎出洞（追擊）（2）
二十四、乙擠步黑虎出洞（3）　甲妙手背斬
二十五、甲大鵬展翅、猛虎截路　乙裡截劍
二十六、甲推窗望月　乙鷂子束身
二十七、甲順勢撩腕　乙孤雁出群
二十八、甲、乙蜻蜓點水
二十九、甲、乙磨盤劍
三　十、甲涮膀撩腕　乙鷂子入林
三十一、甲青龍縮尾　乙懷中抱月
三十二、甲黑虎出洞　乙涮膀撩腕
三十三、甲懷中抱月　乙插花蓋頂
三十四、甲、乙鷂子翻身
三十五、甲、乙單舉鼎
三十六、甲擠步黑虎出洞（甲先進擊）　乙青龍獻爪、鳳凰點頭
三十七、甲抽樑換柱　乙天邊掃月
三十八、乙猛虎截路　甲外截劍
三十九、乙青龍縮尾、黑虎出洞　甲懷中抱月
四　十、乙平沙落雁　甲白蛇伏草
四十一、乙青龍入海　甲探海劍（夜叉探海）
四十二、乙懷中抱月　甲掛劍（封侯掛印）
四十三、乙鴻雁送書　甲鷂子束身
四十四、乙鷂子束身　甲孤雁出群
四十五、乙孤雁出群　甲烏龍絞柱
四十六、乙蜻蜓點水、甲青龍縮尾
四十七、乙回頭望月　甲擠步黑虎出洞（1）（跟進）
四十八、乙敗勢　甲擠步黑虎出洞（2）（跟進）

四十九、乙妙手背斬　甲擠步黑虎出洞（3）
五　十、乙大鵬展翅、猛虎截路　甲裡截劍
五十一、乙推窗望月　甲鷂子束身
五十二、乙順勢撩腕　甲孤雁出群
五十三、乙、甲蜻蜓點水
五十四、乙、甲磨盤劍
五十五、乙涮膀撩腕　甲鷂子入林
五十六、乙青龍縮尾　甲懷中抱月
五十七、乙黑虎出洞　甲涮膀撩腕
五十八、乙懷中抱月　甲插花蓋頂
五十九、乙、甲鷂子翻身
六　十、乙、甲收勢

第三節　孫式太極劍對練套路動作圖解

預備勢

甲、乙二人相向站立。甲站東面，面向北，乙站西面，面向南。二人分別站立於一長方形的對角線上，東西直線距離約 6 公尺，南北直線距離約 4 公尺。二人身體直立，足跟併攏，足尖分開成 90°。兩臂自然下垂，左手持劍，劍面靠左臂後直立。眼平視前方，精神貫注（圖 1）。

一、甲、乙起勢

兩手同時徐徐抬起，手背朝上，從身體兩側向前各畫半弧至胸前，兩手在胸前相遇。此時劍斜橫胸前，劍尖指向左後方，當兩手交叉時，右手順勢接劍（圖 2）。

圖1

圖2

二、甲、乙白鶴亮翅

右手接劍後，兩手再循原弧線向左右分開，回到身體兩

圖 3

側至兩肋處，劍尖向前，劍高與腹齊；兩手分開時，左手變劍指；同時，右腳向後直撤一步，身體重心放在右腿，左足尖翹起，足跟著地。眼看劍尖；撤步時，上身要直，不可前俯後仰（圖 3）。

三、甲、乙雙龍出水

接前式。兩手腕同時裡裹至手心朝上（右手握劍成太陽），並向前伸出，劍尖和左手劍指皆指向前，兩臂自然彎曲，高與胸平；當兩手前伸時，左腳向前墊半步。眼看劍尖（圖 4）。

四、甲、乙鷂子翻身

接前式。兩手腕同時向下、向後翻扭，兩臂隨之向後抽，至兩肋下，各在體側同時翻轉畫一圓圈下落至兩胯旁；右手劍成中陰中陽（虎口朝前），劍尖向前；左手心朝下，

乙　甲

圖4

乙　甲

圖5

劍指向前，兩手下落要有按勁，劍身與虎口直平；當兩手向下翻按時，右腳向前邁出一步，落在左腳前；左腳隨之跟上與右腳齊，兩腿微屈。眼向前平視（圖5）。

圖 6

五、甲、乙單舉鼎

接前式。右手持劍不動，左手劍指極力朝裡裹，至手心朝上，邊裹邊向上經胸前向頭頂上直伸，似托重物之狀；舉到極處，眼看左手；兩腿隨左手上舉而徐徐直立；右手始終以中陰中陽持劍，劍平著，劍尖向前不動（圖 6）。

六、甲、乙仙人指路

1. 接前式。在原地震右腳，右腳落地後，左腳提起，腳心靠右膝，腳面繃起；左足提起時，右手劍同時向右方刺出，手成中陰中陽（虎口朝上），劍與右肩平；同時，左手劍指由頭頂向右下畫弧至右肘處。眼看劍尖（圖 7）。

2. 接著右手壓腕，劍尖上畫指向左，經前額上方向身體左方刺出，劍高與肩平，手心向外（老陰）；身體同時左轉，並向左落下左腳；左手劍指在轉身時即向身後畫去，手

圖 7

圖 8

心朝上，臂微屈。眼看劍尖（圖 8）。

圖 9

七、甲、乙青龍返首

接前式。右手劍由老陰裹成老陽（手心向上），裹時使劍輕攬，鬆劍把，使劍尖向下，在身體右側畫一弧線，靠著身子向後穿去，手成中陰中陽（虎口向上），劍與臂成直線；同時，左手劍指在劍向後穿時，順著右腕手心朝前推去，與右臂成一直線；右腳在劍向後穿時，向前邁去，腳尖外擺成 45°角落地，兩腿成剪子股式（歇步）；重心移至右腿，左腳跟欠起，腳尖向裡扣，身體略下蹲。眼看劍尖（圖 9）。

八、甲、乙釣魚劍（太公釣魚）

接前式。右手向裡裹成老陽（手心朝上外），然後如甩釣魚竿狀向前甩去（用腕力向前點去），劍刃垂直，劍與肩平，劍尖稍低，眼看劍尖；當劍向裡裹時，左腳向前邁出，

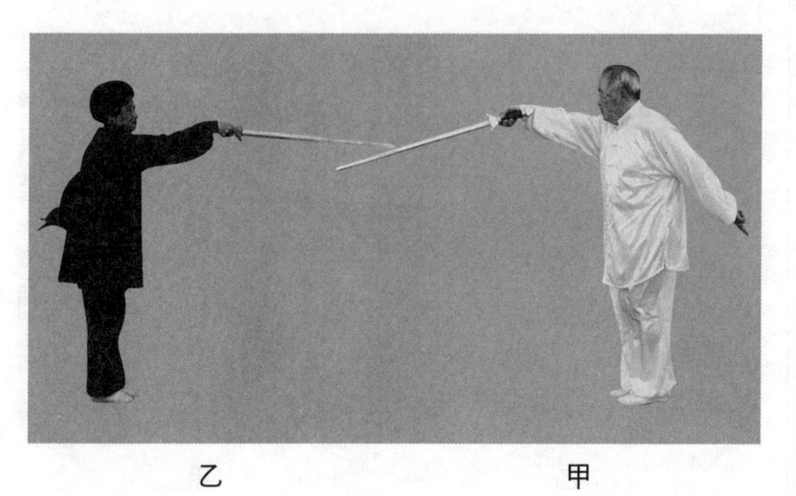

乙　　　　　　　　　　　甲

圖10

落在右腳前；當劍甩過去時，右腳跟上與左腳齊，兩腿直立；右手甩劍向前時，左手劍指同時向後甩去，畫下半圓形，手心朝上，伸向身後，與身體成約45°（圖10）。

九、甲、乙靑龍抬頭

接前式。右腕用力向下，手隨之下落至腹前，稍鬆劍把，使劍尖上揚，指向前上方，劍與臂成90°；同時兩腿下蹲，將腰塌住，腿屈成135°；左手仍在身後原處不動。眼看劍尖（圖11）。

十、甲、乙單舉鼎

接前式。右手持劍抽回右側，劍身放平，劍尖指向前方，手靠著右胯；左手劍指裹至向上，順著身子向上舉，如托舉重物舉過頭頂。眼看左手。動作同第五式（圖12）。

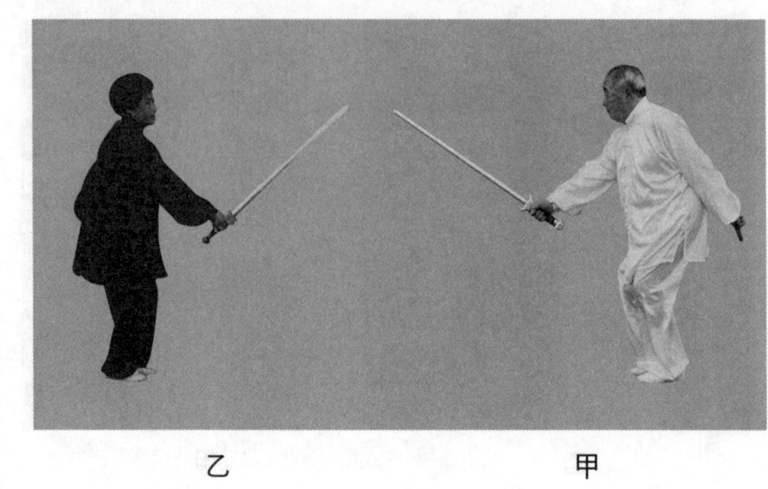

乙　　　　甲

圖11

乙　　　　甲

圖12

十一、乙擠步黑虎出洞（乙先進擊）甲青龍獻爪、鳳凰點頭

乙先進攻，眼看對方；先進右腳，再進左腳，左腳落地，繼續向前墊跳半步，右腳立即向前方再跨上一步，成弓步；劍中陰中陽直刺甲胸部，左手從頭頂下來扶在右腕上，以助右手劍。動作要領同單練套路。

甲見乙刺來，右腳後撤，重心移至右腿，左腿虛步；劍隨身後撤，右手壓劍柄，劍尖略揚，左手自頭頂上下落，沿一弧線向前推按去；兩腿略屈，腰塌住（圖 13）；接著，右手繼續壓劍柄，將劍尖向身前斜著抬起，高與眉齊時，速向乙虎口點去；同時抬起左腳。眼隨劍動看乙腕（圖14）。

乙　　　　甲

圖 13

圖14

十二、乙抽樑換柱　甲天邊掃月

乙見甲劍尖點虎口，急速兩胯後抽向後坐，右腳尖翹起，使身體重心由右腿移至左腿；右手劍隨身同向後抽，抽時劍尖稍低，如畫下半個橢圓形；左手仍扶於右腕上；劍不停，又隨身向前，如畫上半個橢圓刺出；左腳同時提起，腳心靠右膝內側。向後抽劍是避開甲點虎口之劍，向前上方刺出是刺甲喉部或胸部。

甲見乙劍刺己胸、喉部，急用右手劍向裡裹成手心向上（太陽），從右往左畫一半圓，橫截乙向胸部刺來之劍，左手劍指扶在右腕上，以助右手運劍。眼隨劍走，目視對方之劍（圖 15、圖 16）。

圖15

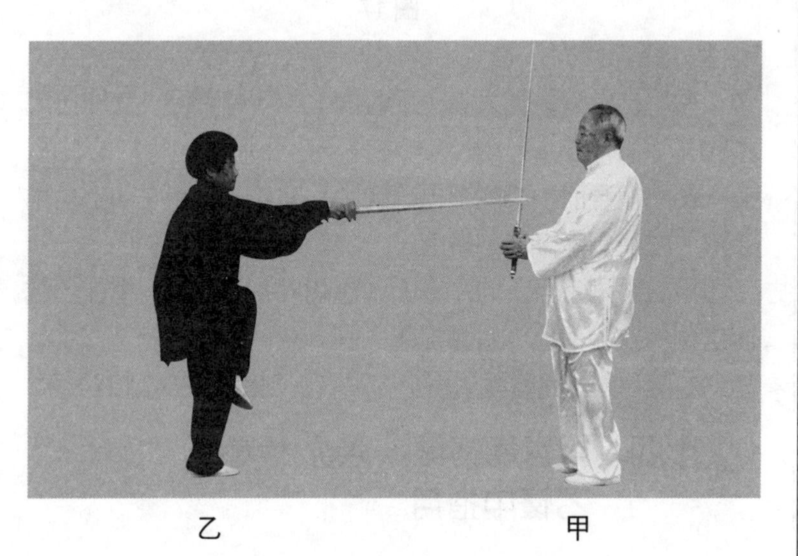

圖16

十三、甲猛虎截路　乙外截劍

乙見甲劍攔截己劍，左腳速向後落地成左弓步，式子稍

圖 17

矮；右手劍同時裹至太陽（手心向上），劍不停，立即扭成太陽（手背朝上），劍尖向左畫一小弧形，向甲右小腿截去；左手從身前手心朝裡再扭成手心向外，停在左額上角稍後處。眼隨劍走，看劍擊處。

甲右手劍不停，向左畫弧，急翻成手心朝下，擋住乙截腿之劍，左腳落地，右腳提起，腳心貼於右膝內側；左手劍指助右腕運劍。此時兩劍相交，眼看兩劍相交處（圖 17）。

十四、甲青龍縮尾、黑虎出洞
乙懷中抱月

甲右手劍向裡裹成中陰中陽（虎口朝上），左手扶在右腕上，劍往回收，劍首抵於小腹；右腳懸於左腳內側，眼看對方。然後急速直刺乙腕；同時右腳邁出成弓步；左手扶在右腕上，上身挺直。

乙右手劍向裡裹成太陽（手心朝上），將劍抽回，左手

乙　　　　　　　　甲

圖 18

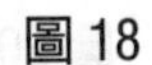

乙　　　　　　　　甲

圖 19

劍指下落，手心抵住劍首；右腳同時撤到左腳旁，腳掌著地，兩腿微屈，眼看對方，此式以躲甲刺下之劍（圖 18、圖 19）。

圖20

甲以「青龍縮尾」和「黑虎出洞」兩式連續向乙進擊，乃是一縮一伸，速度應快，方顯嚴密。

十五、乙白蛇伏草　甲平沙落雁

乙在躲過甲刺來之劍後，劍向前直刺甲腕；同時，左手配合向後伸出，手心朝下；右腳也同時後撤，腳掌著地，兩腿成剪子股式，右膝頂住左膝窩，身子向下蹲，式子稍低。此式乃身退劍進，退步伏身。眼看劍尖。

甲右腳略後撤，腳尖外擺，以左腳掌為軸，身向右轉，並向下蹲身，左膝抵住右膝窩；右手劍扭成手心朝下（太陽），隨身右轉時，將劍抽回到胸前，躲過乙刺來之劍（圖20）。

十六、甲青龍入海　乙探海劍（夜叉探海）

甲躲過乙刺來之劍後，急起身左腳上步成弓步；隨身起

乙　　　　　　　　　　　甲

圖 21

時兩手分開，各向外畫一弧形，右手劍扭成老陰（手心朝外），向乙右腕刺去，左手即扶住右腕將劍送出。眼看劍尖。

乙見甲劍刺來，右手劍向外扭，邊扭邊向下、向右、再向上畫一弧形，至手背靠近右額旁，向前下方刺向甲腕；身子隨劍同時立起，右腳向右側方邁一小步（此步法可根據來劍遠近而調整合適的方向與步距）；左腳隨刺劍時提起，腳尖緊貼右膝內側，左手劍指與右手劍一齊動，左手回到小腹前，手心朝裡，向上伸，隨伸隨將手心翻向外，停在左額前上方。眼隨劍尖注視所擊處（圖 21）。

十七、甲懷中抱月　乙掛劍（封侯掛印）

甲右手劍向裡裹成太陽（手心朝上）；左腳稍後撤，腳尖外擺；左手手心抵住劍首；兩腿成剪子股式，以右腳掌為軸，身向左轉；劍抽至右胸前，以此轉身抽劍將乙劍提壓。

圖 22

眼看對方。

乙劍被甲劍壓住，則右手沉腕壓劍柄，將甲劍崩開，左手迅速下落扶住右腕；左腳同時落在右腳後面，重心偏右腿成弓步。眼隨劍運轉（圖 22）。

十八、甲鴻雁送書　乙鵠子束身

甲在乙崩劍時，右手劍順勢速向乙肩平刺（太陽，手心朝上）；腳同時向前上步，左腳跟步，與右腳齊；眼看對方左肩；左手劍指在右手劍刺出時手心向左外伸出，手心向外。

乙左腳移至右腳後面，腳尖對右腳外踝骨，腳跟欠起，腳掌著地；在移動左腳的同時，左手與右手劍向身體兩側抽回，劍把成中陰中陽（虎口向前），劍柄靠於右胯，劍尖稍上揚，劍尖向前；重心在左腳，身子稍斜，兩腿微屈，眼看對方；左手劍指朝下，手背緊貼身子。身子如被繩捆住，以

乙　　　　　　　　　　　　　　　甲

圖 23

避開刺來之劍（圖 23）。

十九、甲鷂子束身　乙孤雁出群

乙右腳向右前方邁出；右手劍中陰中陽（虎口朝上）刺向甲左肩；左腳跟步；左手劍指抬至左額上方，手心向外，眼看劍尖。

甲動作同十八式乙之鷂子束身，避開乙刺來之劍（圖 24）。

二十、甲孤雁出群 乙烏龍絞柱 (1)(2)(3)

甲動作同十九式乙之孤雁出群。

乙右手劍由甲劍下向外攪，由左向右如畫一弧線；左手從右肋經身前向左摟去；同時，右腳向左腳左邊邁去，腳尖外擺，兩腿如剪子股式（圖 25）；劍勢不停，從右畫至胸前，左手扶在右腕上；左腳往左邊邁，微扣，與右腳成倒八

圖 24

圖 25

字，相距尺許，兩腿微屈；接著壓劍把，使劍尖稍高，將甲劍壓下，隨之向前用腕力點甲之右腕；同時抬起右腳。眼看劍尖（圖 26、圖 27）。

圖 26

圖 27

二十一、甲蜻蜓點水　乙青龍縮尾

甲右手劍順乙攬劍之勢在身右翻轉一圈，劍由裡裹成手心朝上，再翻成中陰中陽（虎口朝上），以腕力使劍尖向前

乙　　　　　　　　　　甲

圖 28

點刺乙之右腕；在劍動時，右腳向外斜墊半步，左腳隨即扣步，與右腳成倒八字形；當劍點刺時，右腳提起，腳心靠左膝外側，左手劍指扶住右腕上。眼看劍點之處。

乙見甲劍點來，兩手速將劍抽回避開甲劍，劍首靠於小腹；當劍往回抽時，右腳提起，腳心靠左膝內側，身子隨之立起。眼視對方，準備進攻（圖 28）。

二十二、甲回頭望月　乙擠步黑虎出洞（跟進）（1）

甲右手劍向身右後方回抽，劍把成太陰（手背朝上），右臂成半圓形，劍斜橫胸前；右腳同時向右後方落下，成弓步，右膝與右腳尖成垂直線；左手劍指順劍身向後摟，手背向下，眼看對方，劍高與胸平。此式回頭一看，扭頭即走，立接下式不久停。

乙右腳前落，上身與劍都待動（圖 29）。

圖 29

二十三、甲敗勢　乙擠步黑虎出洞（追擊）(2)

甲上身姿勢不變，扭頭邁出左腳，頭不回，向前走去。此式為佯敗，欲敗中取勝，誘敵追進，雖然不回頭，但全神貫注於身後，走兩步或四步，相機回擊。

乙見甲敗走，乘勢追進，上身姿勢不變，追進步數與甲相適應，乙用的仍是擠步黑虎出洞之招式（圖 30）。

二十四、乙擠步黑虎出洞 (3)　甲妙手背斬

甲走至左腳在前橫步，右腳扣步在左腳前，兩腳成倒八字形；向左後回身，左腳往前墊步，腳尖外擺；右腳隨之跟步，右膝抵在左膝窩處；回身時，兩手都裹成手心朝上，兩手合攏，左手心托住右手背，用劍斬截乙刺來之劍。眼隨劍走。此式係敗中防後，猛回身斬截。

圖 30

圖 31

乙擠步上右腳成右弓步；劍直刺甲胸，見甲攔截，即連點甲腕（同十一式黑虎出洞）（圖 31）。

二十五、甲大鵬展翅、猛虎截路　乙裡截劍

乙見甲大鵬展翅避點腕，急將劍往裡裹成太陽（手心朝上），如畫一弧形往裡截向甲的左腿；同時，左腳向後略撤一小步，身子同時左轉，成左弓步；劍與臂成一斜線，劍尖稍低；左手同時翻成手心朝外，停於頭部左上側，手臂成半圓形。

甲見乙用黑虎出洞直刺胸部並接著點己腕部，兩手心朝上急向左右分開，兩臂與肩平；下體不動，避開乙點腕之劍（圖 32）。當乙又以裡截劍截己左腿時，兩手又迅速合攏，截住乙劍，兩劍相交；同時，左腿提起，腳心靠在右膝內側，上身略前探，胸腹內涵。此兩式速度要快（圖 33）。

乙　　　　　　　　甲

圖 32

圖33

二十六、甲推窗望月　乙鷂子束身

甲左腳往右腿後落去，腳尖對右腳外踝骨，腳跟欠起；同時，兩手左右分開，右手劍太陽著（手心朝上）向右崩出，與右臂成一斜線；左手劍指向外上方推出。眼看左手劍指。

乙用鷂子束身式，將右手劍和左手劍指收至兩胯後側。動作同第十八式乙之鷂子束身式（圖34）。

二十七、甲順勢撩腕　乙孤雁出群

乙左腳跟著地，右腳上步，左腳跟步與右腳齊；右手劍刺甲咽喉。動作同前第十九式孤雁出群。

甲左腳以前腳掌為軸向外扭，腳跟落地，右腳隨之向前進步，左腳跟步，與右腳齊；右手劍同時老陽（手心向裡裹至極處，朝右上方）著向上如畫一半弧形，撩向乙右腕，劍

乙　　　　　　　　　　甲

圖 34

乙　　　　　　　　　　甲

圖 35

與肩平，臂伸直；左手回到左額上方，手心朝外上方。眼看對方手腕（圖 35）。

乙　　　　　　　　　　　　甲

圖 36

二十八、甲、乙蜻蜓點水

乙右手劍裹成太陽（手心朝上），劍尖畫一圓圈，劍把翻成中陰中陽（虎口朝上），向甲右腕點去；在劍動時，右腳向外擺一步，左腳扣步與右腳成倒八字形，當劍點出時，右腳提起，腳心靠左膝內側；左手扶於右腕上。眼看劍尖。

甲動作同乙式，甲、乙都以蜻蜓點水式避開對方之劍（圖 36）。

二十九、甲、乙磨盤劍

甲、乙雙方接蜻蜓點水式，右手劍向外扭成老陰（虎口朝左下方），往上提劍，向身體右側由上往下畫圓，提劍時高不過眉；右腳同時向右方落下；劍再由下往上畫，隨畫隨觀看對方，最後將劍托起，劍把成中陰中陽（手心朝裡，虎口向右），劍刃垂直，手與眉平，劍尖與右肘成一斜三角；左手劍指在右手往上提時向右肘伸去，邊伸邊向左自下往上

乙　　　　　　　　　　　　甲

圖 37

乙　　　　　　　　　　　　甲

圖 38

畫一弧形翻成手心朝外，停在頭左上方，左臂成半月形；右腳在劍托起時邁步向左。二人眼都看對方，各走半圈，對換位置，當走至右腳在前時停住（圖 37、圖 38）。

三十、甲刷膀撩腕　乙鷂子入林

乙左腳扣步，與右腳成一倒八字形；右手提劍把，劍尖向下、向前直取對方右肩，劍尖似畫一小弧形，劍把由手心朝裡，隨下落隨外扭成中陰中陽（虎口朝上）；左手扶於右腕上；右腳隨劍刺出時，向前邁出成弓步。

甲右腳在前停住，左腳扣步，與右腳成一倒八字形；右手劍同時向左膀外刷去，胳膊伸直，往下落至臍處，劍把為中陰中陽；左手同時穿至右腋下，手心朝外，劍指朝上；此時腰塌住，兩腿微屈（圖 39）；劍不停，從身體左側向右從下往上反撩，取乙右腕，眼看對方；右腳同時後撤，腳尖對著左腳外踝骨，腳掌著地，重心在左腿；左手在劍反撩時向後摟去，手心向上（圖 40）。

乙　　　　甲

圖 39

乙　　　　　　　　甲

圖 40

三十一、甲青龍縮尾　乙懷中抱月

乙右腳後撤至左腳旁，腳掌著地；右手劍向裡裹成手心朝上（太陽），抽回至胸前；左手心抵住劍首，躲過甲反撩之劍。眼看對方。

甲見乙劍撤回，即將劍抽回至小腹前，準備進擊。動作說明見第二十一式乙之青龍縮尾（圖 41）。

三十二、甲黑虎出洞　乙刷膀撩腕

甲接前式不停。進右足成弓步；劍直刺乙右肩，動作同第十一式乙之黑虎出洞，惟右腳只進一步。

乙用刷膀撩腕式，避開甲劍反撩其右腕。動作同第三十式甲刷膀撩腕（圖 42）。

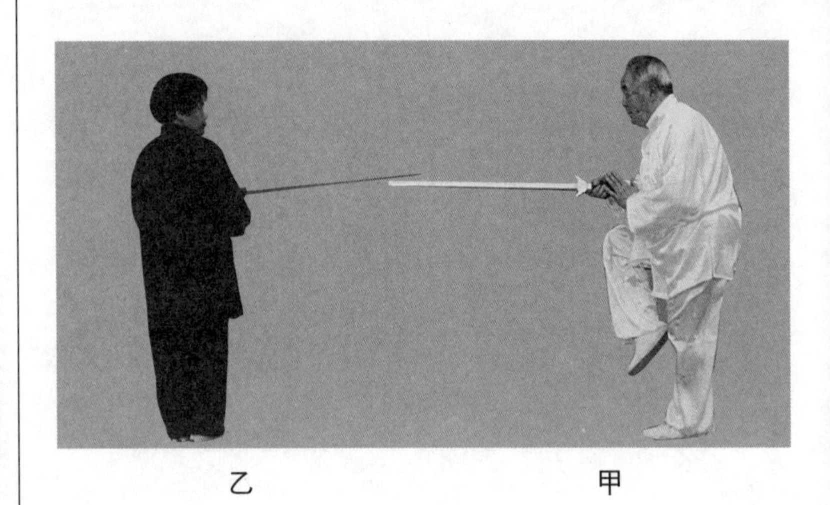

乙　　　　甲

圖 41

乙　　　　甲

圖 42

圖 43

三十三、甲懷中抱月　乙插花蓋頂

乙趁甲未穩，快速用右前臂向裡裹轉，邊裹轉邊向下、再向上畫一圓圈，劍把由老陰變成中陰中陽，向甲之右腕劈去，臂要直，力達劍刃，裹腕時要墜住肘；左手於劍動的同時，向前扶在右腕上；右腳向前跨步，左腳跟步，與右腳齊，腿微屈，身子直立。

甲見乙劍劈來，急用懷中抱月式避開。動作同第三十一式乙之懷中抱月（圖 43）。

三十四、甲、乙鷂子翻身

甲、乙雙方同時用此式右腳向後退一步，再退左腳，與右腳靠攏的進擊為準；兩臂同時向下、向後、再向上，各在體右側翻轉，畫一圓圈回到兩胯旁邊，右手劍成中陰中陽（虎口朝前），左手心朝下按住勁；在兩手翻轉時，右腳向

乙　　　　　　　　　　甲

圖 44

後撤一步或兩步，左腳也隨之後退至右腳旁，兩腿微屈（圖44）。

三十五、甲、乙單舉鼎

動作同第十式。只是甲乙雙方已由原來起式時調換了位置。原來是甲在東面，乙在西面，現換為甲在西面，乙在東面（圖 45）。

再接下去，甲由練上劍變為練下劍；乙由練下劍變為練上劍。甲之第三十六式至五十八式動作，與乙前練之第十一式至三十三式的動作相同，乙之第三十六式至五十八式動作，與甲前練之第十一式至三十三式動作相同。動作說明從略。

圖 45

三十六、甲擠步黑虎出洞（甲先進擊）乙青龍獻爪、鳳凰點頭（圖 46、圖 47）

圖 46

乙 甲

圖 47

三十七、甲抽樑換柱　乙天邊掃月（圖 48、圖 49）

乙 甲

圖 48

圖 49

三十八、乙猛虎截路　甲外截劍（圖 50、圖 51）

圖 50

三十九、乙青龍縮尾、黑虎出洞　甲懷中抱月（圖 51、圖 52）

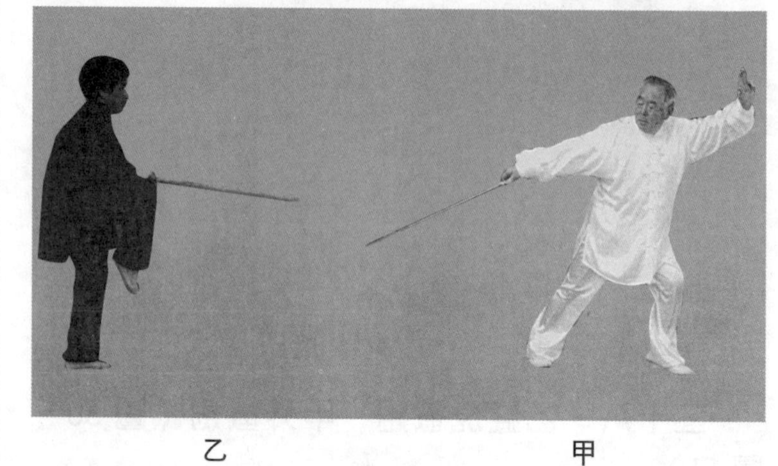

乙　　甲

圖 51

乙　　甲

圖 52

四十、乙平沙落雁　甲白蛇伏草（圖 53）

圖 53

四十一、乙青龍入海　甲探海劍（夜叉探海）（圖 54）

圖 54

四十二、乙懷中抱月　甲掛劍（封侯掛印）（圖 55）

乙　　　　甲

圖 55

四十三、乙鴻雁送書　甲鷂子束身（圖 56）

乙　　　　甲

圖 56

四十四、乙鷂子束身　甲孤雁出群（圖 57）

圖 57

四十五、乙孤雁出群　甲烏龍攪柱（圖 58、圖 59）

圖 58

乙　甲

圖 59

四十六、乙蜻蜓點水、甲青龍縮尾（圖60、圖61）

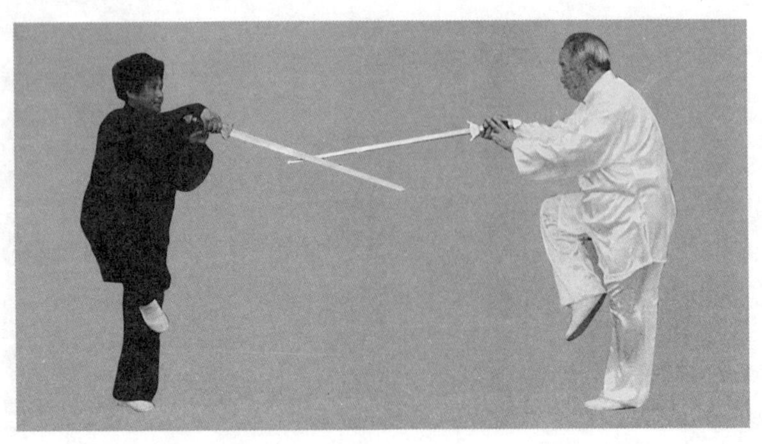

乙　甲

圖 60

乙　　　　　　　　　甲

圖 61

四十七、乙回頭望月　甲擠步黑虎出洞(1)（跟進）（圖 62）

乙　　　　　　　　　甲

圖 62

四十八、乙敗勢　甲擠步黑虎出洞（2）（跟進）（圖 63）

圖 63

四十九、乙妙手背斬　甲擠步黑虎出洞（3）（圖 64）

圖 64

五十、乙大鵬展翅、猛虎截路　甲裡截劍（圖 65、圖 66）

乙　　　　　　甲

圖 65

乙　　　　　　甲

圖 66

五十一、乙推窗望月　甲鷂子束身（圖67）

圖67

五十二、乙順勢撩腕　甲孤雁出群（圖68）

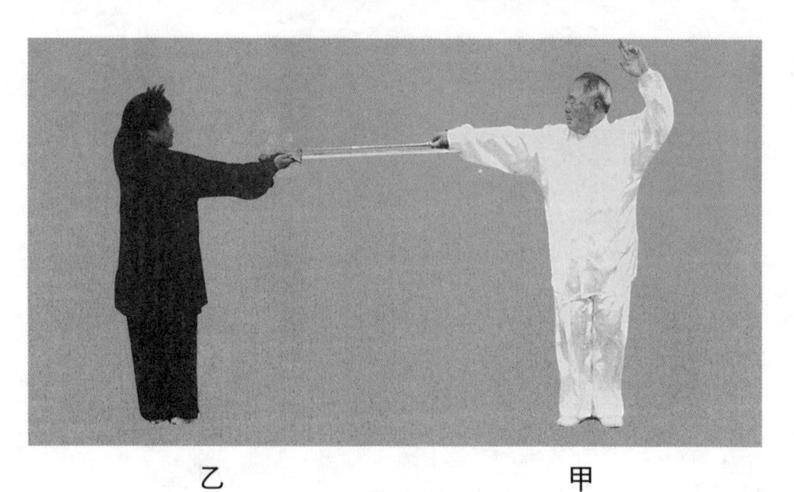

圖68

五十三、乙、甲蜻蜓點水（圖 69）

乙　　　　　　　　　　甲

圖 69

五十四、乙、甲磨盤劍（圖 70、圖 71）

乙　　　　　　　　　　甲

圖 70

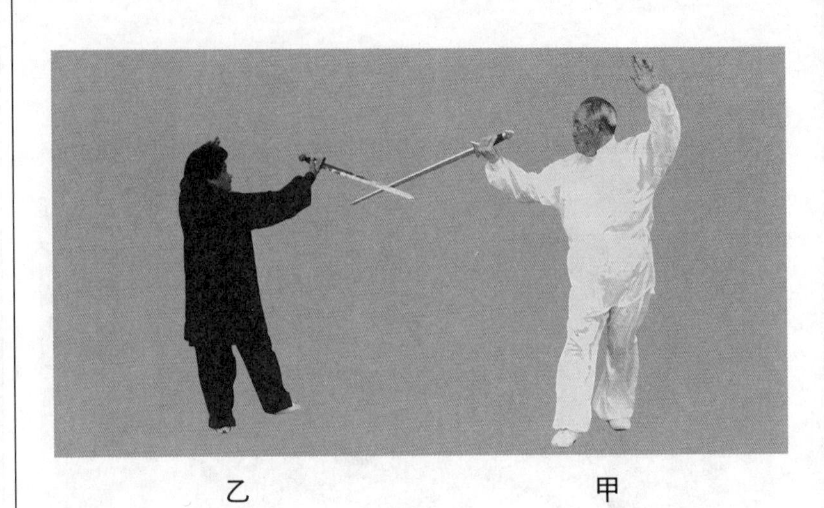

圖 71

五十五、乙涮膀撩腕　甲鷂子入林（圖 72、圖 73）

圖 72

乙　　　　　　　　　　　　甲

圖 73

五十六、乙青龍縮尾　甲懷中抱月（圖 74）

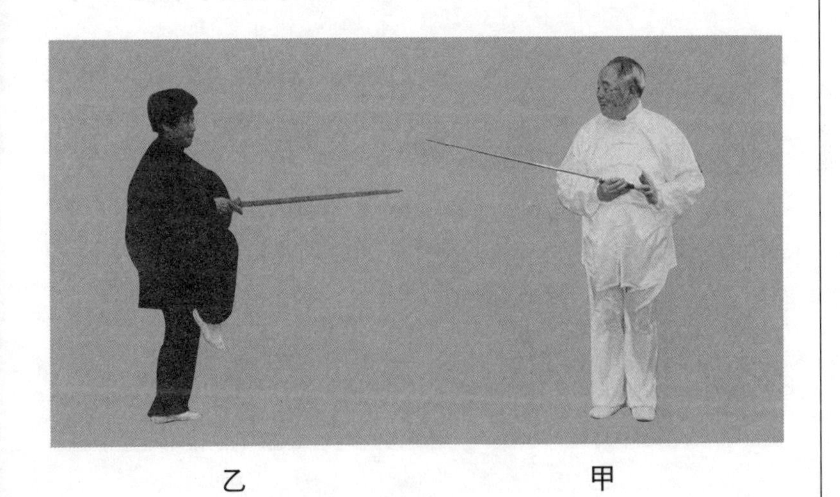

乙　　　　　　　　　　　　甲

圖 74

五十七、乙黑虎出洞　甲劚膀撩腕（圖75）

乙　甲

圖75

五十八、乙懷中抱月　甲插花蓋頂（圖76）

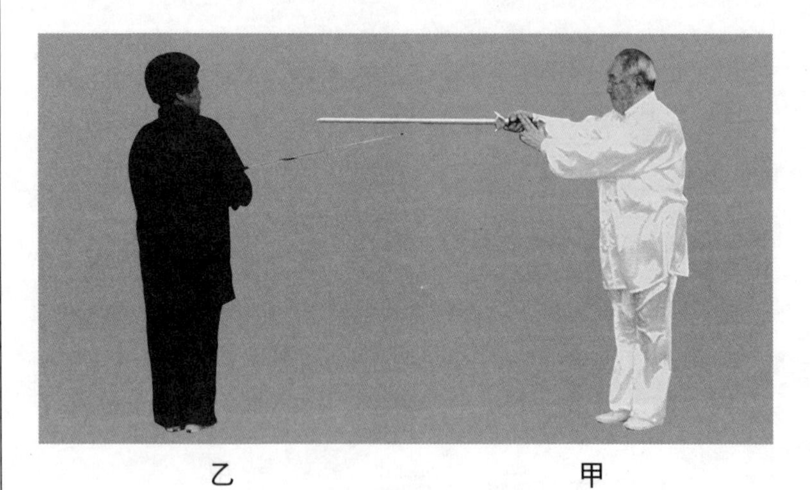
乙　甲

圖76

五十九、乙、甲鷂子翻身

乙、甲二人之左右臂各在身體兩側向下、向後，再向上翻轉一圈；右腳向後橫撤一步，左腳以腳跟為軸，腳尖裡扣，與右腳平行，身體重心偏於右腳；身體順勢右轉；兩手翻到胸前手心向下時，隨身體右轉向兩側分開，右手劍往右抹，劍尖向前，兩臂成半月形（圖 77）；接著，右手劍向裡裹成太陽（手心朝上），向左平掃至與左手合攏（左手手心朝下，也往右移動），右手劍與左手合攏後翻成手心朝下在左手上，右手劍在上，順勢將劍交到左手；身體重心移向左腿（圖 78、圖 79）。

乙　　　　甲

圖 77

圖 78

圖 79

六十、乙、甲收勢

乙、甲雙方左手接劍後，由左向上、向右、再向下畫一小圈，將劍置於左臂後面，劍尖向上；右手交劍之後變成劍指，由下向右、向上畫一弧形至右額前上方，手心向外；同時身體重心移至右腿，左腳移至右面，與右腳靠攏成併步（圖 80）；而後，右手落下至右胯旁，還原成原預備勢（圖 81）。

圖 80

乙　　　　　　　　　　甲

圖 81

第九章　太極拳打手用法

以無極太極陰陽五行操練，將神氣收斂於內，混融而為一，是太極之體也。此已盡述於前。

本章以八勢含五行諸法，動作流行，使神氣宣布於外，化而為八，是太極之用也。有體無用，弊在無變化，有用無體，弊在無根本。所以體用兼備，乃得萬全。以練體言，是知己功夫。以二人打手言，是知人功夫。練體日久純熟，能以遍體虛靈，圓活無礙，神氣混融而為一體。到此時，後天之精自化，先天之氣自然生矣。即使年力就衰，如能去其人欲，時時練習，不獨可以延年益壽，直可與太虛同體。先賢云：固靈根而靜心，謂之修道。養靈根而動心，謂之武藝，是此意也。

以操手練用工純，能以手足靈活，引進落空，四兩撥千斤，神氣散布而為十三式，至此時，血氣之力自消，神妙之道自至矣。所以人之動靜變化，誠偽虛實，機關未動，而我可預知，無論他人如何暗發心機，總不能逃我之妙用。

妙用維何？即打手之著法，掤捋擠按，採挒肘靠八法也。總以掤捋擠按四手，為打手根基正手，故先以掤捋擠按四手，常常練習，須向不丟不頂中求玄妙，於不即不離內討消息，習之純熟，手中便有分寸，量彼勁之大小，分厘不錯，權彼勢之長短，毫髮無差。前進後退，處處恰合。以後採挒肘靠四法，以及千萬手法，皆由掤捋擠按四法中之變化而出，至於因熟生巧，相機善變，非筆墨所能盡，此不過略言大概耳。

古人云：行遠自邇。所以先將四手淺近之打法，作個起點入門。亦不過使學者，先得其打手之門徑。若欲深求法中之奧妙，仍宜訪求明師，用手引領，得其當然之路（深通此技者蓋不乏人矣）。終朝每日常常打手，不數月，可以得其引進落空，四兩撥千斤之要道。得其要道，可以與形意拳、八卦掌並行不悖矣。並行不悖，合三家並用，能丟而不丟、頂而不頂矣。學者須細參悟之。

第一節　打手步法

打手之步法有四：有靜步，即站步也。有動步，即活步也。有合步，即對步也，即甲乙皆左皆右均是也。有順步，甲右乙左，甲左乙右皆是也。初學打手，先以靜步為根，以後手法習熟，再打動步為宜。合步、順步、靜動皆可用，勿拘。若打熟之後，動靜合順之步，隨時所變，並起點之手法，左右隨便所出，左右之式，亦隨便所換，均無可無不可矣。古人云：頭頭是道，面面皆真。此之謂也。

第二節　打手起點學

甲乙二人對面合步打手：甲上手，乙下手。甲乙二人皆站無極式（圖1）。

第三節　甲打手起點學

甲先進左步直著，左手在前，手心對著胸。右手心扣在

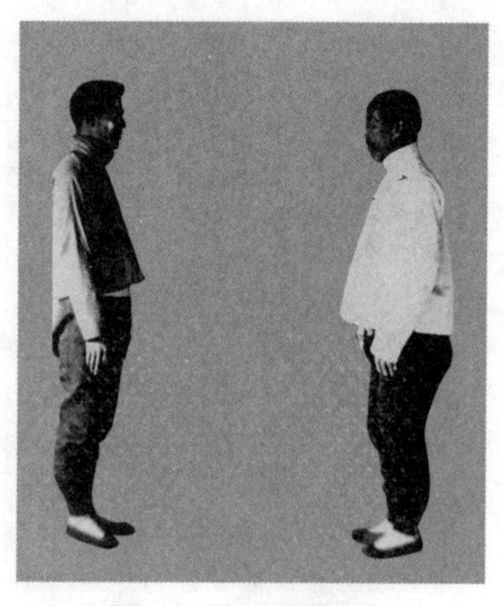

圖 1　甲乙無極式

圖 2　甲乙合一圖

左胳膊下節中間。右手腕離心口四五寸許，如左單陰陽魚形式。

第四節　乙打手起點學

乙亦先進左步直著，左手在前，手心對著胸，右手心扣在左胳膊下節中間，右手腕離心口四五寸許，如右單陰陽魚形式。

第五節　甲乙打手合一學

甲乙二人將兩形相合，正是兩個陰陽魚合一之太極圖也。所以形式動之則分，靜之則合是也。動靜者亦即《易經》陰陽相摩，八卦相蕩之理耳（圖 2）。

圖3　乙捋手圖

圖4　甲擠手圖

第六節　乙捋手學

甲先將右手望著乙之面伸去。乙即將右手望著甲之右腕輕輕扣住，再左手與右手同時從甲之右胳膊下邊，繞至胳膊上邊。亦輕輕扣在甲之右胳膊肘上邊，兩手一氣著往右邊斜角捋去。二人之形式，如太極初動，是為分也，學者看圖則知之矣（圖3）。

第七節　甲擠手學

甲即將右胳膊直著，手腕向裡裹，裹至手心朝裡，再即將左手與右手腕向裡裹時，一氣著往自己右胳膊下節中間擠去。兩眼望著乙之眼看去。二人皆是用意，不要用拙勁，以後仿此（圖4）。

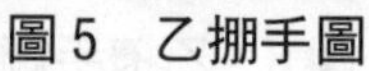

圖5　乙掤手圖

圖6　乙按手圖

第八節　乙掤手學

乙即將兩手併身子，於甲擠時，同是不丟不頂著，往回撤縮，將前足尖欠起。俟甲將身中之勁跌出，再按（圖5）。

第九節　乙按手學

乙再即將兩手一氣著，往甲之左胳膊上按去。左手按在甲之左手背，右手按住甲之左胳膊肘上邊，兩手一氣著往前按去。與形意拳虎撲子柔勁、撲法相同（圖6）。

第十節　甲捋手學

甲俟乙兩手按時，身子往回縮，用左手輕輕扣住乙之左

圖 7　手捋手圖

圖 8　乙擠手圖

手腕。右手與左手同時，從乙之左胳膊下邊，繞至上邊，亦輕輕扣在乙之左胳膊肘上邊，兩手亦一氣著，往左邊斜角捋去（圖 7）。

第十一節　乙擠手學

乙即將左胳膊直著，手腕向裡裹，裹至手心朝裡，再即將右手與左手腕向裡裹時，同時一氣著往左胳膊下節中間擠去。兩眼望著甲之眼看去（圖 8）。

第十二節　甲掤手學

甲即將兩手併身子，於乙擠時，同時不丟頂著往後縮。將前足尖欠起，俟乙將身子之勁跌出，再按（圖 9）。

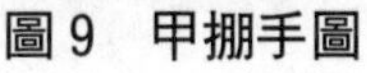

圖 9　甲掤手圖

圖 10　甲按手圖

第十三節　甲按手學

甲再即將兩手，往乙之右胳膊上按去，右手按住乙之右手背，左手按住乙之右胳膊肘上邊，兩手一氣著，往前按去（圖 10）。

第十四節　乙捋手學

乙再捋掤，甲再擠捋，仍按著前章之次序打去，循環不窮，周而復始，一氣貫通。二人如同一個太極圖形，動作相似，返來復去，不要有一毫之間斷。休息要隨便。

第十五節　二人打手換式法

再換右式打法，右式二人換為右足在前。打手俟乙捋時，甲不用擠手，速用自己之右手將乙之右手往回帶，將左手亦即速繞在乙之右胳膊肘上邊，兩手如前左式捋法相同捋去。左足於右手往回帶時，同時撤至右足後邊，落下與左式步法相同。乙亦即速進右足用擠法，兩手如左式擠法相同。以後甲再打捋法、按法，乙再打捋法，仍與左式循環無端之式相同。此亦是初學打手換式之法，俟熟習之後，亦可以左右式，隨便更換不拘矣。

第十六節　二人打手活步法

靜步熟習後，練習合步、順步，皆可隨便。手法仍與前靜步打法相同，惟是足往前進時，先進前足，往後退時，先退後足。步無論合步順步，前進後退，皆是三步。足進退與身手法要相合，往前進步之人，是按擠二式，往後退步之人，是掤捋二式。往來返復，亦是循環無窮。此手法步法，亦不過初學入門之成式。將此式練習純熟之後，手法、步法、進退往來，隨時隨便所發，亦不拘矣。

附　錄

附錄一

太極拳論

王宗岳

太極者，無極而生；動靜之機，陰陽之母也。動之則分，靜之則合。無過不及，隨曲就伸。人剛我柔謂之走，我順人背謂之黏。動急則急應，動緩則緩隨。雖變化萬端，而理惟一貫。由著熟而漸悟懂勁，由懂勁而階得神明。然非用功之久。不能豁然貫通焉。虛靈頂勁，氣沉丹田。不偏不倚，忽隱忽現。左重則左虛，右重則右杳。仰之則彌高，俯之則彌深。近之則愈長，退之則愈促。一羽不能加，蠅蟲不能落。人不知我，我獨知人。英雄所向無敵，皆蓋由此而及也。斯技旁門甚多，雖勢有區別，概不外乎壯欺弱、慢讓快耳。有力打無力，手慢讓手快，是皆先天自然之能，非關學力而有所為也。察四兩撥千斤之句，顯非力勝。視耄耋能御眾之形，快何能為？立如平準，活似車輪。偏沉則隨，雙重則滯。每見數年純功不能運化者，皆自為人制，卒不能制人，則雙重之病未悟耳。欲避此病，須知陰陽。黏即是走，走即是黏。陰不離陽，陽不離陰，陰陽相濟，方為懂勁。懂勁後，愈練愈精，默識揣摩，漸至從心所欲。本是捨己從人，多誤捨近求遠。所謂差之毫厘，謬以千里，學者不可不

詳辨焉。

長拳者，如長江大河滔滔不絕也。十三勢者：掤、捋、擠、按、採、挒、肘、靠，此八卦也；進步、退步、左顧、右盼、中定，此五行也。合而言之：十三勢。掤、捋、擠、按即坎、離、震、兌，四方也；採，挒、肘、靠，即乾、艮、巽、坤，四斜角也；進、退、顧、盼、定，即金、木、水、火、土也。

太極拳論

武禹襄

未有天地以前，太空無窮之中，渾然一氣乃為無極，無極而太極。太極者，天地之根蔕，萬物之原始也。太極拳者，一舉動，周身俱要輕靈，尤要貫串。氣宜鼓蕩，神宜內斂。無使有缺陷處，無使有凸凹處，無使有斷續處。其根在腳，發於腿，主宰於腰，形於手指。由腳而腿而腰，總須完整一氣，向前退後，乃能得機得勢。若有不得機得勢處，身便散亂，其病必於腰腿間求之。上下前後左右皆然。凡此皆是在意，不在外面而在內也。有上即有下，有前即有後，有左即有右，如意要向上即寓下意，若將物掀起而加以銼之之意。斯其根自斷，乃攮之速之而無疑。虛實應分清楚。一處自有一處虛實，處處總此一虛實。周身節節貫串，無令絲毫間斷耳（原注云：此係武當山張三豐老師遺論，欲天下豪傑延年益壽，不徒作虎芝之末也）。

十三勢行功心解

以心行氣，務令沉著，乃能收斂入骨。以氣運身，務令順道，乃能便利從心。精神能提得起，則無遲重之虞，所謂頂頭懸也。意氣須換得靈，乃有圓活之趣，所謂變化虛實是也。發勁須沉著鬆靜，專注一方。立身須中正安舒，支撐八面。行氣如九曲珠，無微不到；動勁如百煉鋼，無堅不摧。形如搏兔之鵠，神如捕鼠之貓。靜如山岳，動如江河。蓄勁如張弓，發勁如放箭。曲中求直，蓄而後發。力由脊發，步隨身換。收即是放，放即是收，斷而復連，往復須有折疊，進退須有轉換。極柔軟然後極堅硬，能呼吸然後能靈活。氣以直養而無害，勁以曲蓄而有餘。心為令，氣為旗，腰為纛。先求形展，後求緊湊，方臻於縝密也。

又曰：先在心，後在身，腹鬆淨，氣斂入骨髓。神舒體靜，刻刻在心。切記，一動無有不動，一靜無有不靜。牽動往來，氣貼脊背，斂入脊骨。內固精神，外示安逸。邁步如貓行，運勁如抽絲。全身意在精神，不在氣；在氣則滯。有氣者帶力，無氣者純剛，氣若車輪，腰若車軸也。

十三勢歌訣

十三總勢莫輕視，命意源頭在腰隙。
變轉虛實須留意，氣遍身軀不少滯。
靜中能動動猶靜，因敵變化示神奇。
勢勢存心揆用意，得來不覺費工夫。
刻刻留心在腰間，腹內鬆淨氣騰然。

尾閭中正神貫頂，滿身輕利頂頭懸。
仔細留心向推求，屈伸開合聽自由。
入門引路須口授，功夫勿息法自修。
若言體用何為準，意氣君來骨肉臣。
想推用意終何在，益壽延年不老春。
歌兮歌兮百四十，字字真切意無遺。
若不向此推求去，枉費工夫貽嘆息。

推手歌訣

掤捋擠按須認真，上下相隨人難進。
任他巨力來打我，牽動四兩撥千斤。
引進落空合即出，粘連綿隨不丢頂。

五字訣

李亦畬

心靜

心不靜則不專，一舉手，前後左右，全無定向，故要心靜。起初舉動未能由己，要悉心體認。隨人所動，隨曲就伸，不丢不頂，勿自伸縮。彼有力，我亦有力，我力在先。彼無力，我亦有力，我意仍在先。要刻刻留心，挨何處，心要在何處，須向不丢不頂中討消息。從此做去，日積月累，便能施之於身。此全是用意，不是用勁，久之則人為我制，我不為人制矣。

身靈

身滯則進退不能自如，故身要靈。舉手不可有呆相。彼之力方覺侵我皮毛，我之意已入彼骨裡。兩手支撐，一氣貫穿。左重則左虛，而右已去；右重則右虛，則左已去。氣如車輪，周身俱要相隨。有不相隨處，身便散亂，便不得力，其病於腰腿求之。先以心使身，從人不從己；後使身能從心，由己仍從人。由己則滯，從人則活。能從人，手上便有分寸。量彼勁之大小，分厘不錯；權彼勁來之長短，毫髮無差。前進後退，處處洽合。工彌久而技彌精。

氣斂

氣勢散漫，便無含蓄，身易散亂，務使氣斂入脊骨。呼吸通靈，周身罔間。吸為合為蓄，呼為開為發。蓋吸則自然提得起，亦拿得人起，呼則自然沉得下，亦放得人出。此是以意運氣非以力運氣也。

勁整

一身之勁，練成一家。分清虛實，發勁要有根源。勁起腳跟，主於腰間，形於手指，發於脊背。又要提起全副精神。於彼勁將出未發之際，我勁已接入彼勁，恰好不後不先。如皮燃火，如泉湧出，前進後退，無絲毫散亂。曲中求直，蓄而後發，方能隨手奏效，此謂借力打人，四兩撥千斤也。

神聚

上四者俱備，總歸神聚。神聚則一氣鼓鑄。練氣歸神，氣勢騰挪。精神貫注，開合有致，虛實清楚。左虛則右實，右虛則左實。虛非全然無力，氣勢要有騰挪。實非全然占煞，精神要貴貫注。緊要全在胸中腰間，運用不在外面。力從人借，氣由脊發。胡能氣由脊發，氣向下沉，由兩肩收於脊骨，注於腰間，此氣之由上而下也，謂之合。由腰行於脊骨，布於兩膊，施於手指，此氣之由下而上也，謂之開。合

便是收，開便是放。能懂得開合，便知陰陽。到此地位，功用一日，技精一日。漸至從心所欲，罔不如意矣。

撒放密訣

擎、引、鬆、放四字。
擎開彼勁借彼力（中有靈字），
引到身前勁始蓄（中有斂字），
鬆開我勁勿使屈（中有靜字），
放時腰腳認端的（中有整字）。

走架打手行功要言

昔人云：能引進落空，便能四兩撥千斤；不能引進落空，便不能四兩撥千斤。語甚概括，初學未由領悟，予以數語以解之。俾有志斯技者，得所從入，庶日進有功矣。欲要引進落空，四兩撥千斤，先要知己知彼。欲要知己知彼，先要捨己從人。欲要捨己從人，先要得機得勢。欲要得機得勢，先要周身一家。欲要周身一家，先要周身無有缺陷。欲要周身無有缺陷，先要神氣鼓蕩。欲要神氣鼓蕩，先要提起精神。欲要提起精神，先要神不外散。欲要神不外散，先要神氣收斂入骨。欲要神氣收斂入骨，先要兩腿前節有力。兩肩鬆開，氣向下沉，勁起於腳跟，交換在腿，含蓄在胸，運勁在兩肩，主宰在腰，上於兩膊相繫，下於兩腿相隨，勁由內換。收便是合，放即是開。靜則俱靜，靜是合，合中寓開。動則俱動，動是開，開中寓合。觸之則旋轉自如，無不得力，才能引進落空，四兩撥千斤。平日走架是知己功夫。

一動勢間先問自己周身合上數項否？少有不合，即速改換。走架所以要慢不要快。打手是知人功夫，動靜固是知人，仍是問己。自己安排得好，人一挨我，我不動彼絲毫，趁勢而入，接定彼勁彼自跌出。如自己有不得力處，便是雙重未化，要於陰陽開合求之。所謂知己知彼，百戰百勝也。

太極拳體悟

郝爲眞

（孫祿堂先生整理）

郝為真先生云：練太極拳有三層意思。初層練習，身體如在水中，兩足踏地，周身與手足動作如有水之阻力。第二層練習，身體手足動作，如在水中而兩足已浮起不著地，如長泅者浮游其間皆自如也。第三層練習，身體愈輕靈，兩足如在水面上行，到此時之景況，心中戰戰兢兢，如臨深淵，如履薄冰，心中不敢有一毫放肆之意，神氣稍微一散亂，即恐身體沉下也。拳經云：「神氣四肢，總要完整，一不完整，身必散亂，必至偏倚而不能有靈活之妙用。」即此意也。又云：「知己功夫，在練十三勢，若欲知人，須有伴侶二人，每日打四手（即掤、捋、擠、按也），功久即可知人之虛實、輕重，隨時而能用矣。」倘若無人與自己打手，與一不動之物當為人，用兩手或手（身）體與此物相較，視定物之中心，或粘、或走、或靠，手足總要相合，或如粘住他的意思，或如似挨未挨他的意思，身子內外總要虛空靈活，功久身體亦可以能靈活矣。或是自己與一個能活動之物，物之來去，我可以隨著物之來去以兩手接隨之，身體屈伸往來，上下相隨，內外一氣，如同與人相較一般。仍是求不即

不離、不丟不頂之意也。如此心思會悟，身體力行，功久引進落空之法也可以隨心所欲而用之也。此是自己用功無有伴侶之法則也。

練拳經驗及三派之精義

孫祿堂

余自幼練拳以來，聞諸先生之言，云：拳即是道。余聞之懷疑，至練暗勁，剛柔合一，動作靈妙，一任心之自然，與同道人研究，彼此各有所會。惟練化勁之後，內中消息，與同道之人言之，知者多不肯言，不知者茫然莫解。故筆之於書，以示同道，倘有經此情況者，可以互相研究，以歸至善。餘練化勁所經者，每日練一形之式，到停式時，立正，心中神氣一定，每覺下部海底處（即陰蹻穴處），如有物萌動，初不甚著意，每日練之有動之時，亦有不動之時，日久亦有動之甚久之時，亦有不動之時。漸漸練於停式，心中一定，如欲泄漏者，想丹書坐功，有真陽發動之語，可以採取。彼是靜中動，練靜坐者，知者亦頗多。乃彼是靜中求動也，此是拳術動中求靜，不知能消化否？又想拳經亦有處處行持不可移之言，每日功夫總不可間斷。以後練至一停式，周身就有發空之景象，真陽亦發動而欲泄，此情形似柳華陽先生所云，復覺真元之意思也，自覺身子一毫亦不敢動，動即要泄矣。心想仍用拳術之法以化之，內中之意，虛靈下沉注於丹田，下邊用虛靈之意，提住合谷，內外之意思，仍如練拳趟子一般，意注於丹田片時，陽即收縮，萌動者上移於丹田矣。此時周身融合，綿綿不斷。當時尚不知採取轉法輪之理，而丹田內，如同兩物相爭之狀況。四五小時，方漸漸安靜。心想不動之理，是余練拳術之時，呼吸二息，仍在丹田之中，至於不練之時，雖言談呼吸，並不妨礙內中之真息。並非有意存照，是無時不然也。莊子云：「真人之呼吸以踵。」大約即此意也。因有不息而息之火，將此動物消化，暢達於周身也。以後又如前動作，仍提在丹田，仍在練拳趟子，內外總是一氣，緩緩悠悠練之不敢有一毫不平穩處。動作練時，內中四肢融融，綿綿虛空，與前站著之景況無異。也有練一趟而不動者，亦有練兩趟而不動者。嗣後亦有動時，仍提至丹田，而用練拳之內呼吸，轉法輪用意主之於丹田，以神用息而轉之。從尾閭至夾脊至玉枕，至天頂而下，與靜坐功夫相同，下至丹田，亦有至二三轉而不動者，亦有三四轉而不動者，所轉者，與所練趟子消化之意相同。以後有不練之時，或坐立，或行動內中仍用練拳之呼吸，身子行路亦可以消化矣。以後甚至於睡熟而內中不動，內外周身四肢忽然似空，周身融融和和，如沐如浴之景況。睡時亦有如此情形，而夢中亦能，用神意呼吸而化之，因醒後，已知夢中之情形而化之也。以後練拳術睡熟時，內中即不動矣。後只有睡熟時，內外忽然有虛空之時，向在行止坐臥，四肢亦有發空之時，身中之情意，異常舒暢。每逢晚上，練過拳術，夜間熟睡時，身中發虛空之時多，晚上要不練拳術，睡時發虛空之時較少，以後知丹道有氣消之弊病，自己體察內外之情形，八道縮至甚小，消除百病，精神有增無減。以後靜坐亦如此，練拳亦如此。到此方知拳術與丹道是一理也。以上是餘練拳術，身體內外之所經驗也。故書之以告同志。

拳術至練虛合道，是將真意化到至虛至無之境。不動之時，內中寂然，空虛無一動。其心至於忽然有不測之事，雖不見不聞，而能覺而避之。《中庸》云：「至誠之道，可以前知。」是此意也。能到至誠之道者，三派拳術中，余知有四人而已。形意拳李洛能先生、八卦拳董海川先生、太極拳楊露禪先生、武禹襄先生。四位先生皆有不見不聞之知覺，其餘諸先生皆是見聞之知覺而已。如外有不測之事，只要眼見耳聞，無論來者如何疾快，但能躲閃。因其功夫入於虛境而未到於至虛，不能有不見不聞之知覺也。其練他派拳術者，亦常聞有此境界，未能詳其姓氏，故未錄之。

論拳術內家外家之別

孫祿堂

今之談拳術者，每云有內家、外家之分。或稱少林為外家，武當為內家，在道為內家；或以在釋為外家，其實皆皮相之見也。名則有少林、武當之分，實則無內家、外家之別。少林，寺也；武當，山也；拳以地名，並無軒輊。至竟言少林而不言武當者亦自有故。按少林寺之拳，門類甚多，名目亦廣，輾轉相傳，耳熟能詳。武當派則不然，練者既少，社會上且有不知武當屬於何省者，非予之過言也。浙之張松溪非武當之嫡傳乎？至今浙人士承張之緒者，何以未之前聞也？近十年來，人始稍稍知武當之可貴矣。少林、武當之一隱一現者其故在此。安得遽分內外耶！或謂拳術既無內外之分，何以形勢有剛柔之判？不知一則自柔練而致剛，一則自剛練而致柔，剛柔雖分，成功則一。夫武術以和為用，和之中知（智）勇備焉。予練拳術亦數十年矣。初亦蒙世俗之見，每日積氣於丹田，小腹堅硬如石，鼓動腹內之氣，能仆人於尋丈外，行止坐臥，無時不然。自謂積氣下沉，庶幾得拳中之內勁矣。彼不能沉氣於丹田小腹者，皆外家也。

一日，山西宋世榮前輩，以函來約，余因袱被往晉。寒暄之後，因問內外之判，宋先生曰：「呼吸有內外之分，拳術無內外之別。善養氣者即內家，不善養氣者即外家。故善養浩然之氣一語，實道破內家之奧義。拳術之功用，以動而求靜，坐功之作用，由靜而求動。其實動中靜，靜中動，本係一體，不可歧而二之。由是言之，所謂靜極而動，動極而靜，動靜即係相生，若以為有內外之分，豈不失之毫厘，差以千里。我所云呼吸有內外者，先求其通而已。通與不通，於何分之？彼未知練拳與初練拳者，其呼吸往往至中部而止，仍行返回，氣浮於上，是謂之呼吸不通。極其蔽則血氣用事，好勇鬥狠，實火氣太剛過燥之故也。若呼吸練至下行，直達丹田，久而久之，心腎相交，水火既濟，火氣不至炎上，呼吸可以自然，不至中部而返。如此方謂之內外相通，上下相通，氣自和順，故呼吸能達下部。氣本一也，誤以為兩個，其弊亦與不通等。子輿氏曰：『求其放心，放心收而後道生。』亦即道家收視返聽之理。」

余曰：「然則鄙人可謂得拳中之內勁乎！蓋氣已下沉，小腹亦堅硬如石矣。」

宋先生曰：「否！否！汝雖氣通小腹，若不化堅，終必為累，非上乘也。」余又問何以化之？先生曰：「有若無，實若虛。腹之堅，非真道也。孟子言：『由仁義行，非仁義行也。』《中庸》極論『中和』之功用。須知古人所言，皆有體用。拳術中亦重中和，亦重仁義。若不明此理，即練至捷如飛鳥，力舉千鈞，不過匹夫之勇，總不離夫外家。若練至中和，善講仁義，動則以禮，見義必為，其人雖無百斤之力，即可謂之內家。迨養氣功深，貫內外，評有無，至大至

剛，直養無害，無處不有，無時不然，卷之放之，用廣體微。昔人云『物物一太極，物物一陰陽』。吾人本具天地中和之氣，非一太極乎。《易經》云：『近取諸身，遠取諸物』，心在內而理周乎物，物在外而理具於心，內外一理而已矣。」

余敬聆之下，始知拳道即天道，天道即人道。又知拳之形勢名稱雖異，而理則一。向之以為有內外之分者，實所見之不透，認理之未明也。由是推之，言語要和平，動作要自然。吾人立身涉世，處處皆是誠中形外，拳術何獨不然。試觀古來名將，如關壯繆、岳忠武等，皆以識春秋大義，說禮樂而敦詩書，故千秋後使人生敬仰崇拜之心。若田開強、古冶子輩，不過得一勇士之名而已。蓋一則內外一致，表裡精粗無不到，一則客氣乘之，自喪其所守，良可慨也。宋先生又云：「拳術可以變化人之氣質。」余自審尚未能見身體力行，有負前輩之教訓。今值江蘇省國術館有十八年度年刊之發行，余服務館中，亦即兩載，才識淺陋，尸位貽譏，故以聞之前人者略一言之，以志吾愧。

附錄二

太極拳學

孫祿堂　著

《太極拳學》自序

乾坤肇造，元氣流行，動靜分合，遂生萬物，最為後天而有象。先天元氣，賦於後天形質，後天形質，包含先天元氣，故人為先後天合一之形體也。人自有知識情慾，陰陽參差，先天元氣漸消，後天之氣漸長。陽衰陰盛，又為六氣所侵（六氣者，即風、寒、暑、濕、燥、火也），七情所感。故身軀日弱，而百病迭生。古人憂之，於是嘗藥以祛其病，靜坐以養其心，而又懼動靜之不能互為用也，更發明拳術，以求復基虛靈之氣。迨達摩東來講道豫之少林寺，恐修道之人，久坐傷神，形容憔悴，故以順逆陰陽之理、彌綸先天之元氣，做易筋、洗髓二經，教人習之，以壯其體，至宋岳武穆王，益發明二經之體義，製成形意拳，而適其用，八卦拳之理，亦含其中，此內家拳術之發源也。

元順帝時，張三豐先生，修道於武當，見修丹之士兼練拳術者，後天之力，用之過當，不能得其中和之氣，以致傷丹，而損元氣。故遵前二經之義，用周子太極圖之形，取河洛之理，先後易之數，順其理之自然，和太極拳術，闡明養身之妙。此拳在假後天之形，不用後天之力，一動一靜，純任自然，不尚血氣，意在練氣化神耳。其中本一理、二氣、三才、四象、五行、六合、七星、八卦、九宮等奧義，始於一，終於九，九又還於一之數也。一理者，即太極拳術起點

腹內中和之氣，太極是也。二氣者，身體一動一靜之式，兩儀是也。三才者，頭手足，即上中下也。四象者，即前進、後退、左顧、右盼也。五行者，即進、退、顧、盼、定也。六合者，即精合其神、神合其氣、氣合其精，是內三合也；肩與胯合、肘與膝合、手與足合，是外三合也，內外如一，是成為六合。七星者，頭、手、肩、肘、膝、足共七拳，是七星也。八卦者，掤、佇、擠、按、採、挒、肘、靠，即八卦也。九宮者，以八手加中定，是九宮也。先生以河圖洛書為之經，以八卦九宮為之緯，又以五行為之體，以七星八卦為之用，創此太極拳術。其精微奧妙，山右王宗岳先生，論之詳矣。

自是而後，源遠派分，各隨己意而變其形式，至前清道咸年間，有廣平武禹襄先生，聞豫省懷慶府趙保鎮，有陳清平先生者，精於是技，不憚遠道，親往訪焉。遂從學數月，而得其條理。後傳亦畬先生。亦畬先生，又作五字訣，傳郝為真先生。先生以數十年之研究，深得其拳之奧妙。余受教於為真先生，朝夕習練，數年之久，略明拳中大概之理。又深思體驗，將夙昔所練之形意拳、八卦拳與太極拳，三家會合而為一體，一體又分為三派之形式，三派之姿勢雖不同，其理則一也。惟前人只憑口授，無有專書，偶著論說，亦無實練入手之法；余自維淺陋，不揣冒昧，將形意拳、八卦掌、太極拳，三派各編輯成書，書中各式之圖，均有電照本像，又加以圖解，庶有志於此者，可按圖摹仿，實力作去，久之不難得拳中之妙用。書中皆述諸先生之實理，並無文法可觀。其間有舛錯不合者，尚祈海內明達，隨時指示為感。

民國八年十月河北完縣祿堂孫福全謹序

太極拳之名稱

人自賦性含生以後，本藏有養生之元氣，不仰不俯，不偏不倚，和而不流，至善至極，是為真陽，所謂中和之氣是也。其氣平時洋溢於四體之中，浸潤於百骸之內，無處不有，無時不然，內外一氣，流行不息。於是拳之開合動靜即根此氣而生；放伸收縮之妙，即由此氣而出。開者為伸、為動；合者為收、為縮、為靜；開者為陽，合者為陰；放伸動者為陽，收縮靜者為陰。開合像一氣運陰陽，即太極一氣也。

太極即一氣，一氣即太極。以體言，則為太極；以用言，則為一氣。時陽則陽，時陰則陰，時上則上，時下則下。陽而陰，陰而陽。一氣活活潑潑，有無不（併）立，開合自然，皆在當中一點子運用，即太極是也。古人不能明示於人者，即此也。不能筆之於書者，亦即此也。學者能於開合動靜相交處，悟澈本原，則可在各式圜研相合之中，得其妙用矣。圜者，有形之虛圈○是也，研者，無形之實圈●是也。斯二者，太極拳虛實之理也。其式之內，空而不空，不空而空矣。此氣周流無礙，圓活無方，不凹不凸，放之則彌六合，卷之則退藏於密，其變無窮，用之不竭，皆實學也。此太極拳之所以名也。

上　編

第一章　無極學

無極者，當人未練拳術之初，心無所思，意無所動，目無所視，手足無舞蹈，身體無動作，陰陽未判，清濁未分，

混混噩噩，一氣渾然者也。夫人生於天地之間，秉陰陽之性，本有渾然之元氣，但為物欲所蔽，於是拙氣拙力生焉，加以內不知修，外不知養，以至陰陽不合，內外不一，陽盡生陰，陰極必敝，亦是人之無可如何者。惟聖人有逆運之道，轉乾坤、扭氣機，能以後天返先天，化其拙氣拙力，引火歸原，氣貫丹田。於是有拳術十三勢之作用，研求一氣伸縮之道，所謂無極而能生太極者是也（原註：一氣者即太極也）。十三勢者，掤捋擠按，採挒肘靠，進退顧盼定也。掤捋擠按（原註：即坎、離、震、兌），四正方也，採挒肘靠（原註：即乾、坤、艮、巽）四斜角也，亦即八卦之理也。進步、退步、左顧、右盼、中定也（原註：即金、木、水、火、土也），此五行也。合上述之四正四斜為十三勢，此太極拳十三勢之所由名也。其中分為體、用，以太極架子，進退顧盼定言，謂之體。以掤捋擠按，採挒肘靠言，謂之用。又或以五行謂之經，八卦謂之緯。總而言之曰：內外體用一氣而已。以練架子，為知己功夫，以二人推手，為知人功夫。練架子時，內中精氣神貴能全體圓滿無虧。操練手法時，手足動作，要在周身靈活不滯。先達云：終朝每日常纏手，功久可以知己知彼，能制人而不為人所制矣。

起點面向正方，身子直立，兩手下垂，兩肩不可向下用力，下垂要自然，兩足為九十度之形式，如圖是也。兩足尖亦不用力抓扣，兩足後跟亦不用力蹬扭，身子如同立在沙漠之地。手足亦無往來動作之

圖1　無極圖

節制，身心未知開合頂勁之靈活，但順其自然之性，流行不已。心中空空洞洞，內無所思，外無所視，伸縮往來，進退動作，皆無朕兆（圖1）。

第二章　太極學

太極者在於無極之中，先求一至中和至虛靈之極點，其氣之隱於內也則為德，其氣之現於外也則為道。內外一氣之流行，可以位天地，孕陰陽。故拳術之內勁，實為人身之基礎。在天曰命，在人曰性，在物曰理，在技曰內家拳術。名稱雖殊，其理則一，故名之曰太極。

古人云：無極而太極。不獨拳術為然，推而及於聖賢之所謂執中，佛家之所謂圓覺，道家之所謂谷神，名詞雖殊，要皆此氣之流行已耳。故內家拳術，實與道家相表裡，豈僅健身體，延年壽而已哉！

第一節　太極學圖解

起點兩手下垂，兩肩鬆開，右足尖向裡扭直，與左足成為四十五度之形式。頭與右足向裡扭時，同時亦向左邊扭轉，兩眼向斜角看去。將心穩住，氣往下沉。腰用意塌住，要自然，不可用拙力塌勁。頭扭之時，要與心意。丹田、上下內外，如同一氣旋轉之意。舌頂上腭、谷道上提。如此則謂之轉乾坤、扭氣機，逆運先天真一之氣，此氣名之曰太極。先哲云：太極即一氣，一氣即太極。觀此，則聖賢仙佛以及內家拳術，無不當有其極，無不當保其極，更應無所不用其極，不然而欲修至身體輕靈，內外一氣，與太虛同體難矣（圖2）。

圖2　太極圖

圖3　懶扎衣

第三章　懶扎衣學圖解

第一節

先將兩手合向裡扭，扭至兩手心相對，兩手再徐徐同時一氣如抱著大圓球相似。兩手之距離遠近，順著自己的兩肩，向左斜角，自下邊往前，又往上邊起。兩手起時與吸氣同時如同畫兩條弧線，畫至離丹田處（即小腹）二三寸許（圖3）。

第二節

前式似停而未停之時，即將兩手仍如抱著一圓球，靠著身子，與呼氣同時往回返畫弧線。此種呼吸不可有聲。右手畫至心口，與左手平直，身子仍直立，不可俯仰歪斜。兩腿於兩手返畫時，要同時徐徐往下彎曲。彎至裡曲圓滿，上下似半月形，腰要塌住勁（昔人云：以腰為主宰，刻刻留意在腰間，是此意也），兩腿裡根同時往回縮勁，右足後跟，極力往上蹬勁（語云：勁起於腳跟，亦此意也），頭亦極力往

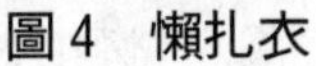

圖 4　懶扎衣

圖 5　懶扎衣

上頂勁，心要虛靈（將兩肩鬆開，再將氣力用意往回收縮，用神逆運於丹田，則心自然虛靈矣）（圖 4）。

第三節

將前式，亦似停而未停之時，左足再向左斜角邁去，足後跟似落未落地之時，兩手再從心口前後著徐徐一氣，向左斜角伸去，伸至極處。兩肩亦同時往回縮勁（即是鬆開兩肩）。兩股前節要有力。以上蹬頂伸縮，皆是用意，不要用拙力。先哲云：虛靈頂勁是也。又云：不丟不頂，引進落空，是打手用法之意，不在此例。右足於兩手伸時，亦同時向前跟步，足尖著地。離前左足二三寸許，停住。左足於右足邁時，亦漸漸滿足著地。兩手仍如同抱著圓球相似，兩眼隨著兩手當中看去（圖 5）。

第四節

外形式似停，而內中之氣不停，兩肩裡根與兩腿裡根，即速均往回縮勁，腹內要圓滿虛空，神氣以意逆運至丹田（神氣收斂入骨是此意也），再將兩手一氣往右邊，如畫平

圖 6　懶扎衣

弧線，右手畫至與右肩平直，左手心與右胳膊裡曲相齊，左足尖仰起，足後跟著地，如螺絲軸之意。左足尖與身手，同時向右邊旋轉，右足跟亦同時徐徐著地。兩眼望著右手看去，不可停住（圖 6）。

第五節

再將右足往前邁去，足後跟著地，隨即將兩手一氣著，於右足往前邁時，同時如轉一圓圈相似，轉至兩手心向外。左手心離著右手裡腕二三寸許，兩手再一氣往前推去。兩胳膊略彎曲。左足於兩手向前推時同時跟步，足尖著地，離右足二三寸許，右足尖亦同時往下落地，兩足尖均對斜角，兩眼仍看前右手，微停。腹內要虛空（即是鬆靜），舌頂上腭，谷道上提，腰要塌勁，足蹬勁，頭頂勁（古人云：腹內鬆靜氣騰然，尾閭正中神貫頂，滿身輕利頂頭懸。是此意也），兩肩兩腿，裡根縮勁仍如前。亦皆是用意，不是用拙力，以後仿此。自起點至五節，要一氣流行，不惟五節如此，由始至終亦要周身節節貫串，勿令絲毫間斷，學者不可忽也（圖 7）。

圖 7　懶扎衣

第四章　開手學

圖 8　開手

即將兩手如同抱著氣球，內中之氣亦如同往外放大之意。兩手大指離胸前一二寸許，平著往左右分開，開至兩手虎口與兩肩尖相對，兩手五指俱張開，微停（圖 8）。

第五章　合手學

圖 9　合手

即將右足尖仰起，足後跟著地，亦如同螺絲軸旋轉之意，向著左邊扭轉，扭至足正直。身子扭轉要一氣，不可有忽起忽落，間斷之形式。勁要和平，不可有努力乖戾氣象。再兩手於右足扭時，要同時亦如同抱著氣球，往回縮小之意。往一處合，合至兩大手指相離寸許，兩手心空著，仍如同抱著圓球相似。兩腿要彎曲，右足著地，左足後跟欠起，足尖著地，停住。兩眼看兩手當中。身體動作，陰陽要得宜。手足扭轉開合要自然，周身不可有一毫勉強之力（圖 9）。

第六章　單鞭學

先將兩手腕往外扭，再從心口橫平著，如捋長竿，往左

右徐徐分開到極處，兩手心朝外，兩手掌直立，兩手指與眼相平。兩眼看右手食指梢。左足當兩手分開之時，亦同時往左邊邁去，斜橫著落地。左足橫直著，左膝與左足跟成一垂直線。兩腿裡屈要圓滿，不可有死彎子。身子仍要直，兩肩要鬆開，兩腿裡根亦要鬆開縮勁。兩肩兩腿裡根均鬆開，腹即能鬆開，腹鬆開氣即能收斂入骨，神舒體靜。腹內之氣不可驟然往下壓力，要以意運氣，徐徐下注於丹田。道德經云「綿綿若存」，亦是此意也（圖10）。

圖10　單鞭

第七章　提手上勢學

先將全身重心移在左腿上，腰塌住勁。隨後將左手手心朝外著，如畫上弧線，畫至手背靠著頭天庭處停住；右手與左手同時，亦如畫下弧線，畫至大指根靠著丹田氣海處（即小腹），停住。右足亦與兩手同時往左腿處合併，兩腿似挨未挨，足尖落地，與左足尖相齊，兩足相離半寸許，兩腿彎曲似半月形。身子仍直著穩住，兩肩兩腿裡根於兩足兩手動時，俱要鬆開。腹亦鬆開，內中之氣不可用壓力往下沉，要以神貫注。身子形式雖停而意仍未停。再換式總要一氣貫串，學者不可不知（圖11）。

圖 11　提手上勢

圖 12　白鶴亮翅

第八章　白鶴亮翅學

第一節

再將左手從頭部往下落，落至心口下邊，肘靠著脅，大指根靠著腹，停住。右手腕往外扭，扭至手心朝外，從小腹處與左手同時，自左手外邊往上起，起至頭部，手背靠著天庭處。右足與兩手同時往前邁步，足後跟著地。兩足之距離，在自己酌定。右足落地時，身子直著，不能移動重心為至善處。腰塌住勁，兩肩兩腿裡根，皆用意往回縮勁，然不可顯縮，頭頂不可顯頂，心中虛靜，空空洞洞，要無所朕兆，不著意思，自然穩住，方為神妙（圖 12）。

第二節

再將右手大指根，離著右邊臉面似挨未挨著，從頭處往下落，落時肘要直著往下墜，左手從心口下邊，於右手往下落時，同時靠著身子微微往上起，起至心口，與右手相齊，兩手大指，相離寸許。右足與兩手起落時，足尖徐徐著地，

將重心移在右腿上。左足後跟與右足尖落地時，亦同時欠起，往前跟步，跟至右足跟右邊，仍足尖著地。腰塌住勁，兩手與身子一氣著，徐徐往前推，推至兩胳膊似曲非曲，似直非直，兩眼看兩手當中，停住（圖13）。

圖13　白鶴亮翅

第九章　開手學

見第四章開手學圖8。

第十章　合手學

見第五章合手學圖9。

第十一章　摟膝拗步學

先將左手五指往右邊落，再從心口右邊，往下斜著摟一弧線，摟至左胯處，大指二指撐開如半月形，大指離胯一二寸許，左足於左手摟時，同時往左邊斜著邁去，足後跟著地。右手與左手五指往右邊落時，手心仍朝裡著，與開手式相似，同時往右邊開去，開至大指與右肩相平，再即速將食指梢從右口角寸許，往左邊推去，推至胳膊似直非直，似曲非曲，食指梢與口相平。右足與右手同時往前邁步，邁至左足脛骨前落下，足尖著地。左足俟右足邁時，足尖徐徐著地，兩眼仍看前手食指梢。腹內俟左手摟時，即速鬆開。以上皆是用神氣貫注，不可用拙力。身子仍直著，重心移在左腿上。式微停，而內中之意仍不斷。腹內鬆開時，如同手提紗燈，從頂直著往下按，按至形式圓滿，內裡虛空著。圓滿喻周身無虧，虛空喻腹內鬆開之意。雖然比喻，總在學者，神而明之也（圖 14）。

圖 14　摟膝拗步（左式）

第十二章　手揮琵琶式學

先將兩手五指俱伸直，手虎口朝上著，右足即速再往後撤步，足尖著地，撤步之遠近，不移動重心為至善處。隨即將右手往回拉，拉至心口前停住。左手與右手往回拉時，同時往前伸去至極處。左足亦同時往後撤，撤至右足前邊，足後跟與右足相離半寸許，足尖著地，停住。右足後跟，亦與左足往回撤時著地。惟是身子往回撤時，神氣穩住，不偏不倚，腹內鬆靜，周身輕靈，如同懸空之意。內外要一氣著往後撤，不可散亂，練者宜深思之（圖 15）。

圖 15　手揮琵琶式（左式）

第十三章　進步搬攔捶學

先將左手往左脅摟，左足於左手摟時，同時往前邁步，右手同時手心向上，從左手下面向前伸至極處。隨後右手往

右脅摟，右足亦同時往前邁步，式子不要停，再將左手往前出去，又往下扣，如同扣人的手相似扣去。左足仍與左手扣時，同時往前邁步，右手握拳，從右脅與左手往下扣時即速往左手腕上邊，直著打出去，拳與心口平，左手背朝上著，與右手往前出時，同時往心口裡來，左手裡腕靠著心口。右足與右手出去時，亦同時跟步，離左足後跟一二寸許停住。兩眼看右手食指中節。右拳往前打時，兩肩不可往下硬垂勁，兩肩兩胯裡根及腹內，仍是鬆開，精神貫注。身式要中正，意氣要和平而不可乖謬（圖16）。

圖16　進步搬攔捶

第十四章　如封似閉學

先將右手往回抽，左手與右手往回抽時，從右胳膊下邊挨著，同時往前伸去。兩手一抽一伸，至兩手相齊為止。兩手腕均向外扭勁，扭至兩手心朝外。右足於右手抽時，亦同時往後撤步，撤至兩足相離遠近，量自己身子高矮而定，足落地時，總不移動周身的重心為至善處。隨後兩手與左足撤時，同時往回抽，兩大指相離寸許，抽至心口，輕輕靠住。左足撤回時，足尖著地，足後跟離右足寸許，兩腿裡屈要圓滿，似半月形。但是身子往回撤時，要一氣著，身子如同立在船上，面向西著。船往東行，要一氣撤回，身子要平穩，不可忽起忽落，高矮要一律（圖17）。

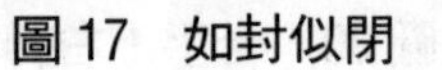

圖 17　如封似閉

圖 18　抱虎推山

第十五章　抱虎推山學

再將兩手心朝外著，一齊往前推去與心口平，兩胳膊似曲非曲，似直非直，兩眼看兩手當中，停住。左足與兩手往前推時，同時極力往前邁步，右足亦隨後緊跟步，離左足一二寸許，身子高矮與前式仍是一律，勿散亂。腰要塌住勁，又要鬆開勁。周身內外之氣與勁，仍如前鬆沉。外形雖微停，而內中之意不可止，是在學者意會之（圖 18）。

第十六章　開手學（右轉）

即將左足尖仰起，足後跟著地，亦同螺絲軸旋轉之意，向著右邊扭轉，扭至左足正直，身子扭轉亦總要一氣，不可有忽起忽落，間斷之形式，勁亦要和平，不可有努力乖戾之氣象。再在兩手與左足扭時，如同抱著氣球，內中之氣有往外放大之意，兩手大指離胸前一二寸許，平著分開，開至兩手虎口，與兩肩尖相對，兩手五指俱張開，微停（圖

圖 19　開手（右轉）

圖 20　合手（右轉）

19）。

第十七章　合手學（右轉）

兩手同時再往一處縮窄，兩手相離，兩腿彎曲，兩眼看處，身體動作，均與第四章、第五章開合形式相同。但彼式身子是向左轉，是右足轉。此式身子是向右轉，是左足轉，因身足略有分別，故又另作此二圖也（圖 20）。

第十八章　摟膝拗步學（右式）

先將右手五指往左邊落，再從心口左邊，往下斜著摟一弧線，摟至右胯處，大指二指撐開，如半月形，大指離胯一二寸許。右足於右手摟時，同時往右邊斜著邁去，足後跟著地。左手與右手五指往左邊落時，手心仍朝裡著，與開手式相似，同時往左邊開去，開至大指與左肩相平，再即速將食指梢從口角寸許，往右邊推去，推至胳膊似直非直，似曲非曲，食指梢與口相平。左足與左手同時往前邁步，邁至右足

圖 21　摟膝拗步（右式）

圖 22　手揮琵琶式（右式）

脛骨前落下，足尖著地。兩眼仍看前手食指梢。腹內之氣，塌腰襠，一切神氣，均與第十一章相同（圖 21）。

第十九章　手揮琵琵式學（右式）

先將兩手五指均伸直，手虎口朝上著，左足即速再往後撤步，足尖著地。隨即將左手往回拉，拉至心口前停住。右手與左手往回拉時同時往前伸去至極處。右足亦同時往後撤，撤至左足前邊，足後跟與左足相離半寸許，足尖著地，停住。左足後跟與右足往回撤時，足後跟亦著地。身子往回撤時，內外之神氣輕靈一切，皆與第十二章相同（圖 22）。

第二十章　懶扎衣學

身體動作，兩手轉圈，兩足起落，腹內一切之勁性情意，皆與第三章懶扎衣，第五節式相同（見第三章懶扎衣第五節圖 7）。

第二十一章　開手學

見第四章開手學圖 8。

第二十二章　合手學

見第五章合手學圖 9。

第二十三章　單鞭學

見第六章單鞭學圖 10。

第二十四章　肘下看捶學

將左手仍用掌，往前極力用意伸住，腹內亦用神氣貫注，身子不可有一毫俯仰之形。隨後將右手握上拳，胳膊如同藤子棍屈回，靠著肋，拳從臍處往前左肘伸去。右足與右手伸時，同時往前邁步，至左足裡邊當中落下，足尖落地，兩足相離半寸許。兩手同時往前伸住，兩肩與兩胯裡根，亦用意往回縮住，伸縮總要一氣，似停而未停之時，即將右足往回撤，足尖著地，左足隨後亦往回撤，撤至右足前邊落下，兩手仍伸住，不可移動。兩足往後撤時，身子之形式，各處之勁，虛靈之情，兩足相離之遠近，均與第十二章手揮琵琶式相同（圖 23）。

圖 23　肘下看捶

第二十五章　倒攆猴左式學

先將左手往胸前處來，大指至胸前二三寸許，將手心往下扣，右手於左手往胸前來時，手心朝上著，同時往右邊斜著往下落。右足亦於兩手扣落時，同時將足尖欠起，足後跟著地如螺絲之意，往裡扭轉，扭至足尖或正直或微往裡扣著點，足尖落地。再將左手從心口斜著，往左邊摟一弧線，大指二指撐開，如半月形，摟至大指離左胯一二寸許。左足與左手摟時，同時亦斜著往左邊邁步，足後跟落地。再將右手手心向上著，往上抬起，起至與右肩相平，手心再向裡著，五指俱張開，食指梢從右口角往前推去。兩手之曲直，皆與摟膝拗步相同，右足亦與右手往前推時，同時往前跟步，跟至左足中間，相離四五寸許落下，足尖著地。此式自兩手兩足動作始末，要一氣串成，內中並無間斷，如同圓球滾一周圈，無有停滯之意。內中之氣，自胸至丹田，與坐功坐至靜極時，腹內如空洞相似，周身之神氣，全注於丹田沉住，故內家拳與丹學實相表裡，內中之氣，誠有確據，並非空談。實地練習，功久自知（圖24）。

圖 24　倒攆猴（左式）

第二十六章　倒攆猴右式學

先將左足尖欠起，足後跟亦如螺絲之意，往裡扭轉，足之形式，與左式轉右足跟之形式相同，再將右手往右邊，斜著摟一弧線，大指二指撐開，

如半月形，摟至大指離右胯一二寸許，再將左手心向上著，往上抬起，起至與左肩相平，手心再向裡著，五指張著，食指梢亦從左口角往前推去。兩手之形式，兩足之距離，周身之動作，內外之氣勁，均與左式相同，左右循環之式，數之多寡，各聽其便，不拘一定（圖 25）。

圖 25　倒攆猴（右式）

第二十七章　手揮琵琶式學

見第十九章手揮琵琶式圖 22。

第二十八章　白鶴亮翅學

見第八章白鶴亮翅圖 12、圖 13。

第二十九章　開手學

見第四章開手圖 8。

第三十章　合手學

見第五章合手圖 9。

第三十一章　摟膝拗步學

見第十一章摟膝拗步圖 14。

第三十二章　手揮琵琶式學

見第十二章手揮琵琶式圖 15。

第三十三章　三通背學

第一節

圖 26　三通背

先將右手往後畫一弧線，至頭頂不可停住，再從頭頂，與前要一氣著往下按，按至兩腿當中，離地七寸上下停住，左手於右手往後畫時，同時往回抽，在左胯上左脅下邊，手心朝裡靠住。再將左足於右手往下按時，同時往後撤，撤至足後跟與右足後跟似挨未挨之意，足後跟欠起，足尖著地。兩腿微微彎曲著，兩胯裡根用意縮住勁，腰亦仍用意塌住。兩眼看右手食指根節，腹內亦仍收斂神氣於骨髓。身子雖有曲折之形式，而腹內總要含有虛空鬆開之意，無相挨之情形（圖 26）。

第二節

再將右胳膊往上抬起，起至手背靠著頭正額處，身子亦同時直豎起，又將左手虎口朝上著，同時於脅下往前伸直，手虎口仍朝上著，與心口相平。左足與兩手同時，極力往前邁去，兩足相離之遠近，隨人之高矮，總要兩腿彎曲著，不移動重心為至善處。兩眼順著左手食指梢看去，將神氣沉住，且內外開合須分明。虛實動靜，務要清楚，不可有一毫之混淆，使內中之神氣散亂不整耳（圖 27）。

第三節　三通背學一式

先將兩足與身子併腰，如螺絲形（即研勁），從前邊往右轉，扭轉至面向後邊，兩手亦於身轉時，同時右手從頭

圖 27　三通背

圖 28　三通背一式

處，往右後邊又往前往下斜著落去，如畫弧線，畫至極處，手與肩相平直，手虎口朝上著。又左手心朝裡著，亦同時從左邊，亦如畫弧線至頭處，從頭處往前往下落去，畫至極處，手虎口亦朝上著，亦與左肩相平直，兩手心斜對著，兩眼看兩手當中。兩足仍未離地基，兩足之形式圖，左作右，右作左，兩相互換之式同，兩手之勁同時往前伸，兩肩亦虛空著往回縮，腰中之勁，微有往下塌之意，是取虛空之意也。周身內外之勁，神氣收斂，氣往下沉，仍如前（圖28）。

第四節　三通背學二式

再將左足先往後微墊步，兩胯裡根併兩肩，極力往回縮住，再將右足極力往後撤，撤至左足後邊斜著落下，如半八字形式，兩足之遠近，仍隨人之高矮勿拘。兩手再從前邊，如揪虎尾之意，徐徐落在兩胯裡根，左足與兩手往回揪落時，同時亦往回撤，撤至足後跟在右足當中約二三寸落下，足尖著地。身子與兩手往回揪時，亦徐徐往上起，頭要往上頂。身子雖然起直，兩腿總要有點兒彎曲之形，腹內之氣仍要縮回丹田，腰仍要往下塌住勁。一切之伸縮頂塌揪等等之勁，亦皆是用意，不要用拙力（圖 29）。

圖 29　三通背二式

第五節　三通背學三式

再將兩手同時靠著身子往上起，至心口上邊，再往上又往前伸去，到極處勿停。右足亦於兩手伸時，同時往前邁步，足尖往外斜著落下，亦如半八字形。兩足相離之遠近，身子仍不動，極力往前邁步，不能移動重心為妙，再將兩手又往下落，仍到兩胯裡根處，右足與兩手往下落時，同時往前邁去，至左足前邊，足直著落下，足尖著地，兩足距離之遠近，仍要身子不起不落、不俯不仰、不能移動重心之情形。再將兩手仍靠著身子往上起，至心口上邊往前推去。兩手推法，與第三章懶扎衣五節式相同。右足與兩手推時，同時往前邁去落地。左足之跟步，兩手之推法，兩足之距離，亦同懶扎衣五節式相同。一、二、三節之式，練時不可有凹凸處，不可有續斷處，總要節節相貫，一氣串成，最為要著（圖 30）。

圖 30　三通背三式

第三十四章　開手學

見第四章開手圖 8。

第三十五章　合手學

見第五章合手圖 9。

第三十六章　單鞭學

見第六章單鞭圖 10。

第三十七章　雲手學

第一節

先將左手，從左邊，胳膊靠著身子，往右邊畫一下弧線，至右胳膊裡根處，似停而未停。左足於左手畫弧線時，同時微往右邊邁去落地，足尖仍往左邊斜著點（圖 31）。

第二節

再將右手從右邊，胳膊靠著身子，往左邊畫一下弧線，至左胳膊裡根處，似停而未停。左手再從右胳膊裡根處，於右手往下落時，同時往左邊畫一上弧線，從眼前邊，畫至左手原起處，似停而未停。右足與右手畫時，同時足尖仍往左邊，微斜著點兒邁去，兩足相離二三寸許落下，兩足之形式，足尖仍向左邊斜著點。再

圖 31　雲手圖

右手往右邊畫時仍如前，左足再往左邊邁去之形式亦如前；惟左足落地之遠近，隨人之高矮，仍不能移動重心為至善。兩手兩足循環之式，仍如前。兩手之形式，如同兩個套環圈相似，循環不已。數之多寡自便。但雲手時，腰要極力塌住勁，身子微有向下坐之形式，左手往右，隨著往右，右手往左，隨著往左，要與兩胳膊一氣，隨著搖動。外形雖然搖動，而腹內之鬆空，及神氣注於丹田，與動作之虛靈，併各處之勁，亦仍然如前（圖32）。

圖 32　雲手圖

第三十八章　高探馬學

第一節

仍再接雲手式，兩手從左邊往右邊雲時，左手到心口處，胳膊靠著身子，右手亦仍到原起處。左足隨著兩手往右邊雲時，同時往回來，落地離右足一二寸許，與右足成一丁字形式。右手再從上邊往下落，仍如畫下弧線，到右胯處不停，即速往上抬起，手與心口相平直，胳膊似曲非曲，似直非直。左手仍在心口前邊，兩手心俱朝裡著。右足於右手往上抬時，同時斜著往前邊邁去落下，足尖著地，足後跟離左足一二寸許，兩足仍成為丁字形式。身子高矮與前仍一律著，兩腿亦仍微屈著點。身式似停而未停（圖33）。

圖 33　高探馬

圖 34　高探馬

第二節

即速將左手往裡扭，扭至手心朝上，右手與左手同時，亦往外扭，扭至手心朝下，兩手如同抱著一大圓球相似。兩手心上下相離三四寸許，兩手離心口一二寸許。兩足尖於兩手扭時，亦均向左邊扭，扭至兩足正直，或足尖微向左邊斜著點亦可，不必拘泥，右足尖仍著地（圖 34）。

第三節

再即速將兩手腕往外擰，擰至兩手之形式，如第五章合手式相同，惟身體之形式如前。一切之神氣與勁，亦仍如前式微停，而意仍未停。凡各式，外面雖有停之形式，而內中之意仍未停，以後均仿此（圖 35）。

圖 35　高探馬

第三十九章　右起腳學

圖 36　右起腳

再將兩手如單鞭式分開，右足與兩手分開時，同時踢起，起至與右手相交。兩眼望著右手看去。腰微往下塌，腹內鬆開，氣亦要往下沉，式不停。即速將足落回原處，滿足著地。兩手於右足落時，同時往一處合，形式與第五章合手式相同。左足後跟亦即速抬起，足尖著地，眼亦扭向左邊看，式微停（圖 36）。

第四十章　左起腳學

圖 37　左起腳

即速將兩手如右式分開，左足踢起，亦與右足踢起相同，手足相交亦相同；又即速將左足落回原處，足尖仍著地。兩手亦往一處合，形式如右式。又即將右足併身子微向左轉，兩眼往左邊正面看去，式微停（圖 37）。

第四十一章　轉身踢腳學

再將左腳踢起，兩手分開，手足相交。兩眼看處，腹內之神氣，皆與第四十章式相同。

第四十二章　踐步打捶學

圖 38　踐步打捶

即將左足極力往前落地，兩足相離遠近，隨人之高矮，落地足尖往外斜著。左手與左足落時，同時再往下邊左胯處摟回停住。再將右足往左足前邊邁去，落地之時，足尖亦往外斜著點，兩足之距離，亦隨人之高矮勿拘。右手於右足邁時，同時從後邊往右耳處不停，再從右臉前邊一氣著，往下摟去，至右胯處停住。左足再往前邁去落地，足尖直著，兩足之距離仍隨人之高矮。左手於左足邁時，同時從左胯處往上起，起至臉前，再往下摟至左胯處，如前停住。再右手握上拳，於左手摟時，同時從右胯處往後邊如畫圓弧線，從耳旁再往前往下，從兩腿之中間打下去，至左膝下邊停住。兩眼看右手。右手往下打時，身子隨著往下彎曲，腰總要極力塌住，腹內亦極力鬆開。以上摟手、落足、邁足，均要一氣著。學者宜細悟之（圖38）。

第四十三章　翻身二起學

先將左足往裡扭，扭成半八字形，即速將右手於左足往裡扭時，同時從前邊往後邊，如畫上弧線，從頭頂前邊過去，身子亦一氣隨著往右邊扭轉。再右手從頭頂前邊往下落時，右足同時微往前邁步落地，足尖朝外斜著，亦如半八字形。左手於右手往下落時，亦同時從左胯處往上起，再從左

圖 39　翻身二起

臉處往心口前邊摟下去，仍摟至左胯處停住。左足於左手往上起時，同時極力往前邁步，邁至右足前邊落下，足尖朝外斜著，仍如半八字形式。兩足之距離，亦隨人之高矮。再右手落到右胯處，不停，於左手往下摟時，同時自右胯處往上來，手腕往外扭著，如畫一小圓圈之意，至右口角處，手心朝外，不停，右足再從後邊提起，往前踢去。右手在右足往前踢時，同時從口角處往前出去，望著右腳面拍去。手足相交之式，手足高矮與心口相平。式不停，即將右足撤回，撤至左足後邊來，足尖對著左足後跟，足尖著地。右手不回來，仍直伸著。左手於右足往後撤時，同時往前邊出去伸直，右手仍在前，左手仍在後，兩手心俱朝裡斜對著。腰微往下塌勁，微停。自扭足、翻身、摟手、踢足至塌腰，是一氣呵成，不可間斷（圖39）。

第四十四章　披身伏虎學

先將左足極力撤回，至右足後邊，落地仍是半八字形式，再隨即將兩手同時一氣著，往下往回拉。拉時之情形，兩手如同拉一有輪之重物，拉著非易亦非難之神氣。身子又徐徐往上起，頭亦有往上頂之形式。身子雖然往上起，而內中之氣，仍然往下沉注於丹田。所以拳中要順中有逆，逆中有順也；身子往上起為順，氣往下沉則為逆矣。再右足於兩

手往回拉時，同時往回撤，撤至左足外一二寸許落下。足後跟對著左足當中，兩手拉回時不停，再一氣著從左胯處，往右邊掄一圓圈至前邊，落在小腹處，亦不停，即將兩手腕往外撐，又往下塌，兩手稍往上仰起，兩手之形式，如第五章合手圖式。左足與兩手往下掄落時，同時將足往裡扭，足尖著地。右足與兩手往下塌時，同時略抬起，足尖朝斜著落下。仍如半八字形式。兩腿彎曲如剪子股形式，左膝微靠著右腿裡屈。身子與兩手腕往下塌時，腰也同時往下塌。身子仍直著，式微停。兩眼往前看去，周身內外之神氣如前（圖 40）。

圖 40　披身伏虎

第四十五章　左踢腳學

先將兩手如單鞭式分開，左足於兩手分時同時往正面踢去。手足相交之形式，併神氣，與第四十一章轉身踢腳之形式相同（見四十章左起腳圖 37）。

第四十六章　右蹬腳學

左足不落地，即速將腿屈回，身子向右轉，左足落在右足後邊，落地足橫著，或往裡扣著點，不拘。兩手與身子向後轉時，同時往一處合併，形式並與合手式相同。右足亦與身子向後轉時，同時足後跟欠起，足尖著地，身子轉過來再蹬腳（見第三十九章右起腳圖 36）。

第四十七章　上步搬攔捶學

即將右足落在前邊，足尖向外斜著，如半八字形落下。兩足之遠近，仍隨人之高矮，惟是神氣身形不可過，亦不可不及。再往前上左步，後右足緊跟步，左手往下摟，右手挽回右脅，再往前打去。此式與第十三章進步搬攔捶，上下內外均皆相同，但前章之進步搬攔捶，係進三步，此是上左一步，故有進、上搬攔捶之分別耳（見第十三章搬攔捶圖16）。

第四十八章　如封似閉學

見第十四章如封似閉圖 17。

第四十九章　抱虎推山學

見第十五章抱虎推山圖 18。

第五十章　右轉開手學

見第十六章開手圖 19。

第五十一章　右轉合手學

見第十七章合手圖 20。

第五十二章　摟膝拗步學

見第十八章摟膝拗步圖 21。

第五十三章　手揮琵琶式學

見第十九章手揮琵琶式圖 22。

第五十四章　懶扎衣學

見第三章五節懶扎衣圖 7。

第五十五章　開手學

見第四章開手圖 8。

第五十六章　合手學

見第五章合手圖 9。

第五十七章　斜單鞭學

即將左足往斜角邁去，兩手分開，及身之形式，仍與第六章單鞭式相同（參見圖 10）。

第五十八章　野馬分鬃學

先將左足極力往後邊撤，落地足尖向外斜著。左手於左足往後撤時，同時往下落至小腹處。從小腹處，再往上起，至心口右邊，再往上起，至眼前頭，再從眼前頭，仍往左邊落下去，如畫一圓圈形式。右手俟左手畫到心口右邊時，亦往下落至小腹處。從小腹至心口左邊，從心口左邊再往上起，至眼前邊，從眼前邊，仍往右邊落下去，亦如畫一圓圈形式。再右足亦於右手從小腹處往上畫時，同時往左足處來。足尖往裡合著點落下，足尖著地。兩足之距離四五寸許，式不停，即速再從左足處，於右手往下落時，同時斜著往右邊邁去，落地足尖往外斜著。又兩手在前邊，手心朝外著，如同兩個圓圈相套之形式，如∞是也。再將左足往前極力斜著。如返弧線形式邁去。如 ⁚) 也是。落地足尖仍往外

圖 41　野馬分鬃

斜著，左手仍與左足同時，如前畫一圓圈。右足俟左足方落地時，亦往前直著極力邁去，落地足尖往裡扣著點。右手於右足邁時，亦如前畫一圓圈形式，兩手仍如前兩圈相套之形式。但畫第二個套圈時，右手畫到心口右前邊，左手畫到心口左後邊，即速往右手腕去，兩手與右足往前邁時，同時往前如第三章第五節懶扎衣式推去相同。左足亦於兩手推時，同時亦往前跟步。落地兩足相離之遠近，及一切之勁，仍與第三章第五節懶扎衣式相同。微停（圖 41）。

第五十九章　開手學

見第四章開手圖 8。

第六十章　合手學

見第五章合手圖 9。

第六十一章　單鞭學

見第六章單鞭式圖 10。

第六十二章　右通背掌學

即將左手從左邊，往上如畫一上弧線，畫至頭處，手背緊靠正額處，身子往右轉，左足於左手往上畫時，同時如螺

圖 42　右通背掌

圖 43　玉女穿梭

絲形往裡扣，如半八字形式，右足亦同時，如螺絲形往外扭，足尖往裡扣著點，兩足仍不離原地。右手於左手往上晝時，極力虛空著往前伸勁。兩眼順著前右手食指看去，兩肩裡根，併兩胯裡根，亦同時極力虛空著，往裡收縮。收縮之理，喻地之四圍皆高，當中有一無底深穴，四面之水皆收縮於穴中之意。是在學者體察之（圖 42）。

第六十三章　玉女穿梭學

第一節

將右手往回抽，抽至裡手腕到心口處。左手於右手往回抽時，同時手腕往裡擰著往下落，落至右手梢上邊，手心朝裡著，兩肘靠著脅。右手於兩手抽落時，同時亦略往回來。落地足尖往外斜著，如半八字形式。兩腿要略彎曲點，兩眼順著左手看去，不停（圖 43）。

第二節

再將左手腕，往外擰著，往上翻起，手背靠著正額處。

圖44　玉女穿梭

圖45　玉女穿梭

左足於左手往上翻時，同時再往斜角極力邁去。右足於左足邁時，隨後緊跟步，落地兩足相離二三寸許。右手在心口處，與左手翻時，併左足邁時，要與身子一氣，有往前推去之意。胳膊靠著身子，手略往前推出去，不必太遠（圖44）。

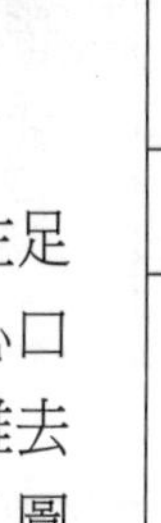

第三節

即速將左足，極力往裡扭扣，再將左手，於左足往裡扣時，同時往下落，落至裡手腕到心口處。再右手於左手往下落時，同時手腕往裡擰，又往上起，起至左手梢上邊。手心朝裡，兩肘仍靠著身子，於左足扣時，一氣著往右轉。再將右手腕，往外擰著往上翻起，手背亦靠著頭正額處。右足於右手往上翻時，同時往斜角極力邁去。左足於右足邁時，隨後亦緊跟步。落地兩足相離二三寸許。左手在心口處，與右手翻時，併右足邁時，同時亦與身子一氣著，如同往前推去之意。胳膊仍靠著身子，手略往前推去，不可太遠（圖45）。

第四節

再將右足略往前邁去。即將右手於右足邁時，同時往下落至心口處。左手於右手往下落時，同時往裡擰，又往上起，起至右手梢上邊。手心朝裡，兩肘亦緊靠著脅。形式與本章第一節相同。再左足斜著往左邊邁去，左手腕往外擰著，往上翻起。右足跟步，兩足相離遠近，及一切之形式，併神氣意，亦皆與本章第二節相同（見圖 44）。

第五節

再將身子向右轉，形式兩足兩手動作，併一切之勁，亦皆與本章第三節式相同。但前三節，右足是往斜角邁去，此式右足是往正前邁去，以上練法雖分五節，其理前後，亦皆是一氣串成（見圖 45）。

第六十四章　手揮琵琶式學

先將左足極力往後撤，兩足落地之遠近，隨乎人之高矮不拘。再將右手從頭處，於左足撤時，同時斜著往前往下落去，胳膊伸直，與心口平。左手與右手同時，亦往前伸。左足往後撤時，右足隨著亦往後撤。兩手併兩足落地遠近及身法，均與第十九章手揮琵琶式相同（見第十九章手揮琵琶式圖 22）。

第六十五章　懶扎衣學

見第三章懶扎衣第五節圖 7。

第六十六章　開手學

見第四章開手圖 8。

第六十七章　合手學

見第五章合手圖 9。

第六十八章　單鞭學

見第六章單鞭圖 10。

第六十九章　雲手學

見第三十七章雲手圖 31、圖 32。

第七十章　雲手下勢學

雲手不停式，將右手雲到心口左邊時，身子往左轉正，左手與身子轉時，同時往下落，如畫弧線到小腹處不停，大指根靠著身子往上起。再右手於左手往上起時，同時略往前伸去點，左手再從右手上邊將左手中指蓋於右手食指上。再兩手前後分開，左手往前推去，伸直與心口平，右手往後拉至右胯處，大指靠住，兩手前後分時，身子直著，同時徐徐往下矮去，腰要塌住勁。左足亦於兩手分時，同時往前邁步，足後跟著地，兩足相離遠近，亦隨乎人之高矮。兩腿均要彎曲，右腿作為全體之重心。兩眼望著左手看去，腹內鬆開，手足肩胯，亦不要著力（圖 46）。

圖 46　雲手下勢

圖 47　更雞獨立（右式）

圖 48　更雞獨立（左式）

第七十一章　更雞獨立學

第一節

將右手從右胯處，胳膊似曲非曲，似直非直，往前往上畫一弧線。畫至手梢與頭齊，手梢朝上，拇指離臉 2 寸許。身子於右手畫時，同時往上起。右腿極力與右手同時往上抬起，足尖要往上仰著，足後跟往下蹬著。腰亦往下塌勁，頭項穩住。心中虛空用意往上頂勁，兩肩亦要用意往下縮勁。胳膊肘與膝相離二三寸許。左手於右手往上畫時，同時如畫下弧線，往下落至左胯處，手梢朝下。兩眼略用意往上看手梢，式微停（圖 47）。

第二節

先將右足略往前往下落去，腿仍曲著，身子直著，隨著右腿落時，腰塌住勁往下矬去。右手與右足落時，同時從頭處往下落，亦如往下畫弧線，右手落至橫平時不停。再左手從左胯處，如本章第一節，右手往上起畫一弧線相同。亦畫至手梢與頭齊，手梢朝上，拇指離臉 2 寸許。左腿於左手往上畫時，同時極力往上抬起，亦如本章第一節右腿抬起相同。再右手落至橫平時，於左手往上起時，同時往下落，至左胯處，手梢朝下。兩眼微用意往上看左手梢。再頭手足肩胯，併身子起落，均與本章第一節式相同。式微停，再換式。左右不拘數，勿論數之多寡，總要練至左式為止（圖 48）。

第七十二章　倒攆猴學

見第二十五章左式圖 24 及第二十六章右式圖 25。

第七十三章　手揮琵琶式學

見第十九章手揮琵琶式圖 22。

第七十四章　白鶴亮翅學

見第八章白鶴亮翅圖 12、圖 13。

第七十五章　開手學

見第四章開手圖 8。

第七十六章　合手學

見第五章合手圖 9。

第七十七章　摟膝拗步學

見第十一章摟膝拗步圖 14。

第七十八章　手揮琵琶式學

見第十二章手揮琵琶式圖 15。

第七十九章　三通背學

見第三十三章第一、二、三、四、五節圖 26～30。

第八十章　開手學

見第四章開手圖 8。

第八十一章　合手學

見第五章合手圖 9。

第八十二章　單鞭學

見第六章單鞭圖 10。

第八十三章　雲手學

見第三十七章雲手圖 31、圖 32。

第八十四章　高探馬學

見第三十八章高探馬圖 33～35。

第八十五章　十字擺蓮學

高探馬至如第三十八章，第二節式時，不停，即將左手腕往外扭，右手腕同時往裡扭。右手翻在下邊去，左手翻在上邊來。於高探馬二節式，兩手上下互換。右足於兩手扭時，同時足尖往外斜著擺去。足仍不離原地基，隨後再將左足往裡扣著邁在右足處，兩足成為倒八字形式。兩足尖相離一二寸許。身子隨著左足邁時同時向右轉。右手於左足邁時，亦同時往外扭，扭至手心朝下。左手仍在上，右手仍在下。兩手心亦俱朝下著，在心口處，式不停，即將右腿極力抬起，腳面挺住勁，腳面朝外著，足心在左膝上邊，離腿一二寸許不停，即速往右邊斜角擺去。落地兩足之距離，隨乎人之高矮。兩手於右腿抬時，同時如單鞭式，橫著分開，兩眼望著前正面看去，身中之勁如前。此拳內勿論如何形式，皆不外乎頭頂、足蹬、腹鬆、塌腰，併兩肩兩腿裡根鬆縮之理，身體力行，是在學者。舊式兩手分時，又右腿往外擺時，左手拍右腳面一掌，今不拍，因無大關係，然拍否仍聽學者自便可也（圖 49）。

圖 49　十字擺蓮

第八十六章　進步指襠捶學

先將兩眼望著前邊低處，如同有一物看去。隨即將兩手往前伸著，往一處併去，將左手扣於右手腕上，右手卷上拳，右拳如同指著兩眼所看之物之意。再將左足於兩手合併時，同時往前邁去，次邁右足，或兩步，或四步均可，勿拘。總要右足邁在前為止。右足落地時，隨後左足即速跟步，左足尖落在右足當中，足尖著地，兩足相離寸許，身體三折形式，小腹放在大腿根上，兩腿彎曲著，腰塌住勁，身子有往前撲的形式。手仍扣著右手腕，右拳極力往前伸去。

圖 50　進步指襠捶

如同指物一般，兩足往前所邁之步，大小隨人之高矮，不可大，亦不可小，總要不移動重心為妙。兩足往前邁時，身體之形式，如同一鳥在樹上，束著翅斜著往地下，看著一物飛去之意。兩足行走時，腹內之神氣，及各處之勁，均如前，式微停（圖 50）

第八十七章　退步懶扎衣學

先將左足極力往後撤，右足尖欠起。兩手於左足撤時，同時往回來，隨即再往前推出去。左足再於兩手推出時，同時跟步。兩手往回來，及推出去，併跟步，一切之形式，均與第三章懶扎衣第五節式相同（見第三章第五節懶扎衣圖 7）。

第八十八章　開手學

見第四章開手圖 8。

第八十九章　合手學

見第五章合手圖 9。

第九十章　單鞭學

見第六章單鞭圖 10。

第九十一章　單鞭下勢學

先將右手腕往外撐住勁，手心朝下著。往右胯處來，左手心亦朝下著，與右手同時往下落，胳膊仍直著，身子與兩手同時往下矬去，一切之形式，併神氣鼓蕩之情意，均與第七十章下勢相同（見第七十章雲手下勢圖46）。

圖 51 上步七星

第九十二章 上步七星學

先將右手從右胯處，如畫下弧線，往左手腕下邊出去，左手於右手到下邊手腕時，同時兩手收進懷裡，離心口三四寸許，兩手上下相交，如十字形式，兩手指俱朝上著，兩手心亦朝外著，右足於右手往前去時，同時邁在左足處，右足裡脛骨，與左足後跟挨否，勿拘，兩腿要彎曲著，身子直著，腰塌住勁，停住之形式，如圖是也（圖 51）。

第九十三章 下步跨虎學

先將兩手皆往下摟，左手摟在左胯處，右手摟在右胯處，不停。右足於兩手往下摟時，同時極力往後撤，落地半八字形式。隨後右手心朝裡著，即速從右胯處，往上起至眼前邊。再從眼前，手心朝下著，如按氣球相似往下按去。左足於右手往下按時，同時往後來，足尖著地，足後跟離右足寸許。右手往下按時，身子同時往下屈腿塌腰。再右手心仍朝下著。即速往上起，起時如同按著大氣球，往上鼓起之意。左腿於右手起時，同時極力往上抬起，足尖仰著，身子與手足亦同時往上起，全身亦如同按著氣球，往上起之意，

式微停（圖 52）。

第九十四章　轉角擺蓮學

圖 52　下步跨虎

先將左足極力扣著，往右足尖前邊落去。左手於左足落時，同時往右手處來，左手心扣在右手背上，兩手離心口一二寸許。右足於左足落時，同時足後跟欠起，足尖著地，足後跟往裡扭，身子同時亦極力往右轉。再先將左足極力往裡扭扣，隨即右腿抬起，極力往右邊擺去。左足再於右腿擺時，同時足掌極力往裡扭。兩手於右足往外擺時，同時用兩手拍右腳面，拍時先用左手，次用右手，要用兩下拍，響發連聲，不要間斷。身子是整右轉一匝。式不停（圖 53）。

圖 53　轉角擺蓮

第九十五章　彎弓射虎學

先將右足往右邊斜角，擺著往下邁去，落地兩足斜順著。兩腿之形式，右腿膝往前弓著點，似曲非曲，似直非直。兩手心相對，如同抱著四五寸高之皮球，一氣著與右足落時，同時往下又往左邊，如轉一圓圈。轉至上邊，與脖項相平。兩手心皆朝下著，往左斜角伸去，左手在前，右手在後錯綜著，仍與脖項相平。兩胳膊似曲非曲，似直非直。兩眼望著兩手中間前邊看去。此形式之勁，各處要平均，不要有一處專用力，心內虛空，氣往下沉，式微停（圖 54）。

圖 54　彎弓射虎

第九十六章　雙撞捶學

先將左足極力往前直著邁去，足後跟落地。再將兩手輕輕卷上拳，手背朝上著，於左足往前邁時，同時用意拉回胸前一二寸許，兩手相離二三寸許。隨後兩拳手背仍朝上著，如前邊有一物，即速往前直著撞去。兩胳膊似曲非曲，似直非直。心口對著斜角，兩眼望著兩拳當中，直著看去。右足於兩拳往前撞時，同時往前跟步，足尖落地半八字形，與左足後跟相離一二寸許。左足於兩拳往前撞時，滿足著地，腰塌往勁，兩腿皆彎曲著，身子要直著點，式微停（圖 55）。

圖 55　雙撞捶

第九十七章　陰陽混一學

先將左手腕往裡裹，裹至手心朝上，似半月形，拳與脖項相平。右手在心口處一二寸許，胳膊肘靠著脅。再左足於左手往裡裹時，同時往裡扭直。再右足即速往後撤，撤至三四寸許，落地半八字形式。再左拳往胸前來，右拳於左拳往胸前來時，同時往裡裹著往前伸去，左拳在裡邊，右拳在外邊，兩手腕相離半寸許。此時兩手心皆斜對著胸，式不停，即將左拳往右手腕下邊，往外挽去。挽至右手外腕，左手裡腕，與右手外腕相挨。腰再往下塌勁，兩腿彎曲。兩手外腕，與腰塌時，同時一齊外扭，兩手腕與心口平。兩手腕如十字形式，左手裡腕，離心口三四寸許。左足於兩手腕往外扭時，同時略往前邁點步，足後跟著地。此時右足作為全體之重心，兩腿仍彎曲著，兩肩及兩腿裡根與腹內，均宜鬆開。頭要虛靈頂住勁，舌頂上腭，谷道上提，意注丹田，將元陽收斂入於氣海矣（圖56）。

圖 56　陰陽混一

第九十八章　無極還原學

將兩手同時，如畫下弧線往下畫去。左手至左胯處，右手至右胯處，兩手心挨住兩胯。左足於兩手往下落時，同時撤至右足處。兩足裡根相挨，仍還於起點 90° 之形式。身子與左足往回撤時，同時往上起直，此時全體不要用力，腹內心神意俱杳，無一毫之思想，空空洞洞，仍還於無極，所謂神行是也（見第一章無極圖）。

孫式太極拳傳系表

創始人：孫祿堂

第一代嫡傳：

孫劍雲　孫存周（以下按原簡體字姓氏筆畫排列）

于化行　馬　蘭　馬承智　方成一　支燮堂

齊公博　葉夢俠　孫少江　孫如蘭　孫伯英

孫國屏　孫振川　孫振岱　朱國禎　任彥芝

陽鐵生　李書琴　李玉林　李龐瀾　李老丹

李芙初　李世戡　李敦素　張小菘　張子衡

張玉山　張玉峰　張旭光　張仲謀　張景琪

張錫君　張熙堂　張蓀玖　陳一虎　陳文伯

陳守禮　陳法可　陳敬承　陳微明　裘德元

吳楷之　沈玉林　蕭漢卿　蕭格清　宋長喜

汪宗海　汪孟舒　金一明　金仕明　金淑英

楊世垣　楊奎山　楊復春　楊德垣　周仲英

周作孚　周明敘　周錫琛　鄭佐平　鄭懷賢

顧汝章　顧夢慈　單啟鸞　單啟鵠　郎墩甫

胡鳳山　胡儉珍　姜懷素　俞亮臣　柳映虎

聞善益　侯殿元　袁　偉　奚在溪　徐克延

徐夢華　徐鑄仁　徐慧舫　海桂元　賈綬卿

黃鳳池　黃竹銘　崔老玉　龔劍堂　曹晏海

童文華　童麟珠　靳雲亭　富師墨　蒯晉德

鹿宏世　鹿季子　裴德光　潘子芳　潘贊化

第二代嫡傳

孫永田　孫寶安　馬丁·大衛　于　彬　王啟民

王治立　王鐵漢　王　端　白淑珍　白普山
冉　魏　申志剛　田　盼　史文慧　史建華
呂易儒　吳　敏　孫大綱　孫鳳桐　孫雨仁
孫維參　後騰英二　伊騰梅子　馮　健　任士嵐
許國鈞　劉鴻池　劉樹春　劉恩順　劉淑芳
劉陶新　劉清淮　劉翔飛　杜　良　杜　巍
李立軍　李　順　李鴻駒　李銀祥　李慎澤
張汶義　張永安　張偉強　張樹貴　張振華
陳家倫　陳湘陵　陸布威　沈寶發　武　冬
林光榮　柳壽臣　柳杰世　楊　穎　金永平
金繼宏　金繼香　周世勤　鄭浩繁　孟繁秋
趙振生　侯京生　姚建忠　袁　平　袁德安
袁深海　秦　靜　梁鳳翔　梁競平　欒新春
黃萬翔　閻世民　蔣　玲　傅淑雲　童旭東
焦　興　焦冠軍　譚豐雅　翟金錄　霍培林等等

第三代嫡傳

孫庚辛　孫　偉　孫　琦　孫　鵬　劉彥龍等等

國內外孫式（氏）太極拳研究會

國內：

北京市孫氏太極拳研究會
遼寧省瀋陽市孫氏太極拳研究會
河北省定興縣孫氏太極拳研究會
河北省保定市孫氏太極拳研究會
河北省涿州市孫氏太極拳研究會
河北省沙河市孫氏太極拳研究會

河北省望都縣孫氏太極拳研究會
江蘇省太倉市孫氏太極拳研究會
江蘇省淮陰市孫氏太極拳研究會
江蘇省鎮江市孫氏太極拳研究會
江蘇省南京市孫氏太極拳研究會
香港特別行政區孫氏太極拳研究會
海外：
日本孫氏太極拳研究會
美國孫氏太極拳研究會
英國孫氏太極拳研究會
瑞典孫氏太極拳研究會

5. 開拓未來的他界科學　陳蒼杰譯　220元
6. 世紀末變態心理犯罪檔案　沈永嘉譯　240元
7. 366 天開運年鑑　林廷宇編著　230元
8. 色彩學與你　野村順一著　230元
9. 科學手相　淺野八郎著　230元
10. 你也能成為戀愛高手　柯富陽編著　220元
11. 血型與十二星座　許淑瑛編著　230元
12. 動物測驗—人性現形　淺野八郎著　200元
13. 愛情、幸福完全自測　淺野八郎著　200元
14. 輕鬆攻佔女性　趙奕世編著　230元
15. 解讀命運密碼　郭宗德著　200元
16. 由客家了解亞洲　高木桂藏著　220元

・女醫師系列・品冠編號 62

1. 子宮內膜症　國府田清子著　200元
2. 子宮肌瘤　黑島淳子著　200元
3. 上班女性的壓力症候群　池下育子著　200元
4. 漏尿、尿失禁　中田真木著　200元
5. 高齡生產　大鷹美子著　200元
6. 子宮癌　上坊敏子著　200元
7. 避孕　早乙女智子著　200元
8. 不孕症　中村春根著　200元
9. 生理痛與生理不順　堀口雅子著　200元
10. 更年期　野末悅子著　200元

・傳統民俗療法・品冠編號 63

1. 神奇刀療法　潘文雄著　200元
2. 神奇拍打療法　安在峰著　200元
3. 神奇拔罐療法　安在峰著　200元
4. 神奇艾灸療法　安在峰著　200元
5. 神奇貼敷療法　安在峰著　200元
6. 神奇薰洗療法　安在峰著　200元
7. 神奇耳穴療法　安在峰著　200元
8. 神奇指針療法　安在峰著　200元
9. 神奇藥酒療法　安在峰著　200元
10. 神奇藥茶療法　安在峰著　200元
11. 神奇推拿療法　張貴荷著　200元
12. 神奇止痛療法　漆 浩 著　200元

・常見病藥膳調養叢書・品冠編號 631

1. 脂肪肝四季飲食　蕭守貴著　200元

2. 高血壓四季飲食 秦玖剛著 200元
3. 慢性腎炎四季飲食 魏從強著 200元
4. 高脂血症四季飲食 薛輝著 200元
5. 慢性胃炎四季飲食 馬秉祥著 200元
6. 糖尿病四季飲食 王耀獻著 200元
7. 癌症四季飲食 李忠著 200元
8. 痛風四季飲食 魯焰主編 200元
9. 肝炎四季飲食 王虹等著 200元
10. 肥胖症四季飲食 李偉等著 200元
11. 膽囊炎、膽石症四季飲食 謝春娥著 200元

・彩色圖解保健・品冠編號 64

1. 瘦身 主婦之友社 300元
2. 腰痛 主婦之友社 300元
3. 肩膀痠痛 主婦之友社 300元
4. 腰、膝、腳的疼痛 主婦之友社 300元
5. 壓力、精神疲勞 主婦之友社 300元
6. 眼睛疲勞、視力減退 主婦之友社 300元

・心 想 事 成・品冠編號 65

1. 魔法愛情點心 結城莫拉著 120元
2. 可愛手工飾品 結城莫拉著 120元
3. 可愛打扮 & 髮型 結城莫拉著 120元
4. 撲克牌算命 結城莫拉著 120元

・熱 門 新 知・品冠編號 67

1. 圖解基因與DNA （精） 中原英臣 主編 230元
2. 圖解人體的神奇 （精） 米山公啟 主編 230元
3. 圖解腦與心的構造 （精） 永田和哉 主編 230元
4. 圖解科學的神奇 （精） 鳥海光弘 主編 230元
5. 圖解數學的神奇 （精） 柳 谷 晃 著 250元
6. 圖解基因操作 （精） 海老原充 主編 230元
7. 圖解後基因組 （精） 才園哲人 著 230元

・法律專欄連載・大展編號 58

台大法學院 法律學系／策劃
法律服務社／編著

1. 別讓您的權利睡著了(1) 200元
2. 別讓您的權利睡著了(2) 200元

43. 24 式太極拳＋VCD	中國國家體育總局著	350 元
44. 太極推手絕技	安在峰編著	250 元
45. 孫祿堂武學錄	孫祿堂著	300 元
46. ＜珍貴本＞陳式太極拳精選	馮志強著	280 元
47. 武當趙堡太極拳小架	鄭悟清傳授	250 元
48. 太極拳習練知識問答	邱丕相主編	220 元
49. 八法拳 八法槍	武世俊著	220 元
50. 地趟拳＋VCD	張憲政著	350 元
51. 四十八式太極拳＋VCD	楊 靜演示	400 元
52. 三十二式太極劍＋VCD	楊 靜演示	300 元
53. 隨曲就伸 中國太極拳名家對話錄	余功保著	300 元
54. 陳式太極拳五功八法十三勢	闞桂香著	200 元
55. 六合螳螂拳	劉敬儒等著	280 元
56. 古本新探華佗五禽戲	劉時榮編著	180 元
57. 陳式太極拳養生功＋VCD	陳正雷著	350 元
58. 中國循經太極拳二十四式教程	李兆生著	300 元
59. ＜珍貴本＞太極拳研究	唐豪・顧留馨著	250 元
60. 武當三豐太極拳	劉嗣傳著	300 元
61. 楊式太極拳體用圖解	崔仲三編著	350 元
62. 太極十三刀	張耀忠編著	230 元

・彩色圖解太極武術・大展編號 102

1. 太極功夫扇	李德印編著	220 元
2. 武當太極劍	李德印編著	220 元
3. 楊式太極劍	李德印編著	220 元
4. 楊式太極刀	王志遠著	220 元
5. 二十四式太極拳（楊式）＋VCD	李德印編著	350 元
6. 三十二式太極劍（楊式）＋VCD	李德印編著	350 元
7. 四十二式太極劍＋VCD	李德印編著	350 元
8. 四十二式太極拳＋VCD	李德印編著	350 元
9. 16 式太極拳 18 式太極劍＋VCD	崔仲三著	350 元
10. 楊氏 28 式太極拳＋VCD	趙幼斌著	350 元
11. 楊式太極拳 40 式＋VCD	宗維潔編著	350 元
12. 陳式太極拳 56 式＋VCD	黃康輝等著	350 元
13. 吳式太極拳 45 式＋VCD	宗維潔編著	350 元
14. 精簡陳式太極拳 8 式、16 式	黃康輝編著	220 元

・國際武術競賽套路・大展編號 103

1. 長拳	李巧玲執筆	220 元
2. 劍術	程慧琨執筆	220 元
3. 刀術	劉同為執筆	220 元
4. 槍術	張躍寧執筆	220 元

5.	棍術	殷玉柱執筆	220元

・簡化太極拳・大展編號 104

1.	陳式太極拳十三式	陳正雷編著	200元
2.	楊式太極拳十三式	楊振鐸編著	200元
3.	吳式太極拳十三式	李秉慈編著	200元
4.	武式太極拳十三式	喬松茂編著	200元
5.	孫式太極拳十三式	孫劍雲編著	200元
6.	趙堡太極拳十三式	王海洲編著	200元

・中國當代太極拳名家名著・大展編號 106

1.	李德印太極拳規範教程	李德印著	550元
2.	王培生吳式太極拳詮真	王培生著	500元
3.	喬松茂武式太極拳詮真	喬松茂著	450元
4.	孫劍雲孫式太極拳詮真	孫劍雲著	350元
5.	王海洲趙堡太極拳詮真	王海洲著	500元
6.	鄭琛太極拳道詮真	鄭琛著	400元

・名師出高徒・大展編號 111

1.	武術基本功與基本動作	劉玉萍編著	200元
2.	長拳入門與精進	吳彬等著	220元
3.	劍術刀術入門與精進	楊柏龍等著	220元
4.	棍術、槍術入門與精進	邱丕相編著	220元
5.	南拳入門與精進	朱瑞琪編著	220元
6.	散手入門與精進	張山等著	220元
7.	太極拳入門與精進	李德印編著	280元
8.	太極推手入門與精進	田金龍編著	220元

・實用武術技擊・大展編號 112

1.	實用自衛拳法	溫佐惠著	250元
2.	搏擊術精選	陳清山等著	220元
3.	秘傳防身絕技	程崑彬著	230元
4.	振藩截拳道入門	陳琦平著	220元
5.	實用擒拿法	韓建中著	220元
6.	擒拿反擒拿 88 法	韓建中著	250元
7.	武當秘門技擊術入門篇	高翔著	250元
8.	武當秘門技擊術絕技篇	高翔著	250元
9.	太極拳實用技擊法	武世俊著	220元

・中國武術規定套路・大展編號 113

1.	螳螂拳	中國武術系列	300 元
2.	劈掛拳	規定套路編寫組	300 元
3.	八極拳	國家體育總局	250 元
4.	木蘭拳	國家體育總局	230 元

・中華傳統武術・大展編號 114

1.	中華古今兵械圖考	裴錫榮主編	280 元
2.	武當劍	陳湘陵編著	200 元
3.	梁派八卦掌（老八掌）	李子鳴遺著	220 元
4.	少林 72 藝與武當 36 功	裴錫榮主編	230 元
5.	三十六把擒拿	佐藤金兵衛主編	200 元
6.	武當太極拳與盤手 20 法	裴錫榮主編	220 元

・少 林 功 夫・大展編號 115

1.	少林打擂秘訣	德虔、素法編著	300 元
2.	少林三大名拳 炮拳、大洪拳、六合拳	門惠豐等著	200 元
3.	少林三絕 氣功、點穴、擒拿	德虔編著	300 元
4.	少林怪兵器秘傳	素法等著	250 元
5.	少林護身暗器秘傳	素法等著	220 元
6.	少林金剛硬氣功	楊維編著	250 元
7.	少林棍法大全	德虔、素法編著	250 元
8.	少林看家拳	德虔、素法編著	250 元
9.	少林正宗七十二藝	德虔、素法編著	280 元
10.	少林瘋魔棍闡宗	馬德著	250 元
11.	少林正宗太祖拳法	高翔著	280 元
12.	少林拳技擊入門	劉世君編著	220 元

・原地太極拳系列・大展編號 11

1.	原地綜合太極拳 24 式	胡啟賢創編	220 元
2.	原地活步太極拳 42 式	胡啟賢創編	200 元
3.	原地簡化太極拳 24 式	胡啟賢創編	200 元
4.	原地太極拳 12 式	胡啟賢創編	200 元
5.	原地青少年太極拳 22 式	胡啟賢創編	220 元

・道 學 文 化・大展編號 12

1.	道在養生：道教長壽術	郝勤等著	250 元
2.	龍虎丹道：道教內丹術	郝勤著	300 元
3.	天上人間：道教神仙譜系	黃德海著	250 元

4. 步罡踏斗：道教祭禮儀典 張澤洪著 250元
5. 道醫窺秘：道教醫學康復術 王慶餘等著 250元
6. 勸善成仙：道教生命倫理 李剛著 250元
7. 洞天福地：道教宮觀勝境 沙銘壽著 250元
8. 青詞碧簫：道教文學藝術 楊光文等著 250元
9. 沈博絕麗：道教格言精粹 朱耕發等著 250元

・易學智慧・大展編號 122

1. 易學與管理 余敦康主編 250元
2. 易學與養生 劉長林等著 300元
3. 易學與美學 劉綱紀等著 300元
4. 易學與科技 董光壁著 280元
5. 易學與建築 韓增祿著 280元
6. 易學源流 鄭萬耕著 280元
7. 易學的思維 傅雲龍等著 250元
8. 周易與易圖 李申著 250元
9. 中國佛教與周易 王仲堯著 350元
10. 易學與儒學 任俊華著 350元
11. 易學與道教符號揭秘 詹石窗著 350元
12. 易傳通論 王博著 250元

・神算大師・大展編號 123

1. 劉伯溫神算兵法 應涵編著 280元
2. 姜太公神算兵法 應涵編著 280元
3. 鬼谷子神算兵法 應涵編著 280元
4. 諸葛亮神算兵法 應涵編著 280元

・鑑往知來・大展編號 124

1. 《三國志》給現代人的啟示 陳羲主編 220元
2. 《史記》給現代人的啟示 陳羲主編 220元

・秘傳占卜系列・大展編號 14

1. 手相術 淺野八郎著 180元
2. 人相術 淺野八郎著 180元
3. 西洋占星術 淺野八郎著 180元
4. 中國神奇占卜 淺野八郎著 150元
5. 夢判斷 淺野八郎著 150元
7. 法國式血型學 淺野八郎著 150元
8. 靈感、符咒學 淺野八郎著 150元
9. 紙牌占卜術 淺野八郎著 150元

10. ESP 超能力占卜	淺野八郎著	150 元
11. 猶太數的秘術	淺野八郎著	150 元
13. 塔羅牌預言秘法	淺野八郎著	200 元

・趣味心理講座・大展編號 15

1. 性格測驗（1） 探索男與女	淺野八郎著	140 元
2. 性格測驗（2） 透視人心奧秘	淺野八郎著	140 元
3. 性格測驗（3） 發現陌生的自己	淺野八郎著	140 元
4. 性格測驗（4） 發現你的真面目	淺野八郎著	140 元
5. 性格測驗（5） 讓你們吃驚	淺野八郎著	140 元
6. 性格測驗（6） 洞穿心理盲點	淺野八郎著	140 元
7. 性格測驗（7） 探索對方心理	淺野八郎著	140 元
8. 性格測驗（8） 由吃認識自己	淺野八郎著	160 元
9. 性格測驗（9） 戀愛知多少	淺野八郎著	160 元
10. 性格測驗（10）由裝扮瞭解人心	淺野八郎著	160 元
11. 性格測驗（11）敲開內心玄機	淺野八郎著	140 元
12. 性格測驗（12）透視你的未來	淺野八郎著	160 元
13. 血型與你的一生	淺野八郎著	160 元
14. 趣味推理遊戲	淺野八郎著	160 元
15. 行為語言解析	淺野八郎著	160 元

・婦 幼 天 地・大展編號 16

1. 八萬人減肥成果	黃靜香譯	180 元
2. 三分鐘減肥體操	楊鴻儒譯	150 元
3. 窈窕淑女美髮秘訣	柯素娥譯	130 元
4. 使妳更迷人	成 玉譯	130 元
5. 女性的更年期	官舒妍編譯	160 元
6. 胎內育兒法	李玉瓊編譯	150 元
7. 早產兒袋鼠式護理	唐岱蘭譯	200 元
9. 初次育兒 12 個月	婦幼天地編譯組	180 元
10. 斷乳食與幼兒食	婦幼天地編譯組	180 元
11. 培養幼兒能力與性向	婦幼天地編譯組	180 元
12. 培養幼兒創造力的玩具與遊戲	婦幼天地編譯組	180 元
13. 幼兒的症狀與疾病	婦幼天地編譯組	180 元
14. 腿部苗條健美法	婦幼天地編譯組	180 元
15. 女性腰痛別忽視	婦幼天地編譯組	150 元
16. 舒展身心體操術	李玉瓊編譯	130 元
17. 三分鐘臉部體操	趙薇妮著	160 元
18. 生動的笑容表情術	趙薇妮著	160 元
19. 心曠神怡減肥法	川津祐介著	130 元
20. 內衣使妳更美麗	陳玄茹譯	130 元
21. 瑜伽美姿美容	黃靜香編著	180 元

22. 高雅女性裝扮學　陳珮玲譯　180 元
23. 蠶糞肌膚美顏法　梨秀子著　160 元
24. 認識妳的身體　李玉瓊譯　160 元
25. 產後恢復苗條體態　居理安・芙萊喬著　200 元
26. 正確護髮美容法　山崎伊久江著　180 元
27. 安琪拉美姿養生學　安琪拉蘭斯博瑞著　180 元
28. 女體性醫學剖析　增田豐著　220 元
29. 懷孕與生產剖析　岡部綾子著　180 元
30. 斷奶後的健康育兒　東城百合子著　220 元
31. 引出孩子幹勁的責罵藝術　多湖輝著　170 元
32. 培養孩子獨立的藝術　多湖輝著　170 元
33. 子宮肌瘤與卵巢囊腫　陳秀琳編著　180 元
34. 下半身減肥法　納他夏・史達賓著　180 元
35. 女性自然美容法　吳雅菁編著　180 元
36. 再也不發胖　池園悅太郎著　170 元
37. 生男生女控制術　中垣勝裕著　220 元
38. 使妳的肌膚更亮麗　楊 皓編著　170 元
39. 臉部輪廓變美　芝崎義夫著　180 元
40. 斑點、皺紋自己治療　高須克彌著　180 元
41. 面皰自己治療　伊藤雄康著　180 元
42. 隨心所欲瘦身冥想法　原久子著　180 元
43. 胎兒革命　鈴木丈織著　180 元
44. NS 磁氣平衡法塑造窈窕奇蹟　古屋和江著　180 元
45. 享瘦從腳開始　山田陽子著　180 元
46. 小改變瘦 4 公斤　宮本裕子著　180 元
47. 軟管減肥瘦身　高橋輝男著　180 元
48. 海藻精神秘美容法　劉名揚編著　180 元
49. 肌膚保養與脫毛　鈴木真理著　180 元
50. 10 天減肥 3 公斤　彤雲編輯組　180 元
51. 穿出自己的品味　西村玲子著　280 元
52. 小孩髮型設計　李芳黛譯　250 元

・青　春　天　地・大展編號 17

1. A 血型與星座　柯素娥編譯　160 元
2. B 血型與星座　柯素娥編譯　160 元
3. O 血型與星座　柯素娥編譯　160 元
4. AB 血型與星座　柯素娥編譯　120 元
5. 青春期性教室　呂貴嵐編譯　130 元
9. 小論文寫作秘訣　林顯茂編譯　120 元
11. 中學生野外遊戲　熊谷康編著　120 元
12. 恐怖極短篇　柯素娥編譯　130 元
13. 恐怖夜話　小毛驢編譯　130 元
14. 恐怖幽默短篇　小毛驢編譯　120 元

15. 黑色幽默短篇	小毛驢編譯	120 元
16. 靈異怪談	小毛驢編譯	130 元
17. 錯覺遊戲	小毛驢編著	130 元
18. 整人遊戲	小毛驢編著	150 元
19. 有趣的超常識	柯素娥編譯	130 元
20. 哦！原來如此	林慶旺編譯	130 元
21. 趣味競賽 100 種	劉名揚編譯	120 元
22. 數學謎題入門	宋釗宜編譯	150 元
23. 數學謎題解析	宋釗宜編譯	150 元
24. 透視男女心理	林慶旺編譯	120 元
25. 少女情懷的自白	李桂蘭編譯	120 元
26. 由兄弟姊妹看命運	李玉瓊編譯	130 元
27. 趣味的科學魔術	林慶旺編譯	150 元
28. 趣味的心理實驗室	李燕玲編譯	150 元
29. 愛與性心理測驗	小毛驢編譯	130 元
30. 刑案推理解謎	小毛驢編譯	180 元
31. 偵探常識推理	小毛驢編譯	180 元
32. 偵探常識解謎	小毛驢編譯	130 元
33. 偵探推理遊戲	小毛驢編譯	180 元
34. 趣味的超魔術	廖玉山編著	150 元
35. 趣味的珍奇發明	柯素娥編著	150 元
36. 登山用具與技巧	陳瑞菊編著	150 元
37. 性的漫談	蘇燕謀編著	180 元
38. 無的漫談	蘇燕謀編著	180 元
39. 黑色漫談	蘇燕謀編著	180 元
40. 白色漫談	蘇燕謀編著	180 元

・健 康 天 地・大展編號 18

1. 壓力的預防與治療	柯素娥編譯	130 元
2. 超科學氣的魔力	柯素娥編譯	130 元
3. 尿療法治病的神奇	中尾良一著	130 元
4. 鐵證如山的尿療法奇蹟	廖玉山譯	120 元
5. 一日斷食健康法	葉慈容編譯	150 元
6. 胃部強健法	陳炳崑譯	120 元
7. 癌症早期檢查法	廖松濤譯	160 元
8. 老人痴呆症防止法	柯素娥編譯	170 元
9. 松葉汁健康飲料	陳麗芬編譯	150 元
10. 揉肚臍健康法	永井秋夫著	150 元
11. 過勞死、猝死的預防	卓秀貞編譯	130 元
12. 高血壓治療與飲食	藤山順豐著	180 元
13. 老人看護指南	柯素娥編譯	150 元
14. 美容外科淺談	楊啟宏著	150 元
15. 美容外科新境界	楊啟宏著	150 元

16. 鹽是天然的醫生	西英司郎著	140元
17. 年輕十歲不是夢	梁瑞麟譯	200元
18. 茶料理治百病	桑野和民著	180元
20. 杜仲茶養顏減肥法	西田博著	170元
21. 蜂膠驚人療效	瀨長良三郎著	180元
22. 蜂膠治百病	瀨長良三郎著	180元
23. 醫藥與生活	鄭炳全著	180元
24. 鈣長生寶典	落合敏著	180元
25. 大蒜長生寶典	木下繁太郎著	160元
26. 居家自我健康檢查	石川恭三著	160元
27. 永恆的健康人生	李秀鈴譯	200元
28. 大豆卵磷脂長生寶典	劉雪卿譯	150元
29. 芳香療法	梁艾琳譯	160元
30. 醋長生寶典	柯素娥譯	180元
31. 從星座透視健康	席拉・吉蒂斯著	180元
32. 愉悅自在保健學	野本二士夫著	160元
33. 裸睡健康法	丸山淳士等著	160元
35. 維他命長生寶典	菅原明子著	180元
36. 維他命C新效果	鐘文訓編	150元
37. 手、腳病理按摩	堤芳朗著	160元
38. AIDS瞭解與預防	彼得塔歇爾著	180元
39. 甲殼質殼聚糖健康法	沈永嘉譯	160元
40. 神經痛預防與治療	木下真男著	160元
41. 室內身體鍛鍊法	陳炳崑編著	160元
42. 吃出健康藥膳	劉大器編著	180元
43. 自我指壓術	蘇燕謀編著	160元
44. 紅蘿蔔汁斷食療法	李玉瓊編著	150元
45. 洗心術健康秘法	竺翠萍編譯	170元
46. 枇杷葉健康療法	柯素娥編譯	180元
47. 抗衰血癒	楊啟宏著	180元
48. 與癌搏鬥記	逸見政孝著	180元
49. 冬蟲夏草長生寶典	高橋義博著	170元
50. 痔瘡・大腸疾病先端療法	宮島伸宜著	180元
51. 膠布治癒頑固慢性病	加瀨建造著	180元
52. 芝麻神奇健康法	小林貞作著	170元
53. 香煙能防止癡呆？	高田明和著	180元
54. 穀菜食治癌療法	佐藤成志著	180元
55. 貼藥健康法	松原英多著	180元
56. 克服癌症調和道呼吸法	帶津良一著	180元
57. B型肝炎預防與治療	野村喜重郎著	180元
58. 青春永駐養生導引術	早島正雄著	180元
59. 改變呼吸法創造健康	原久子著	180元
60. 荷爾蒙平衡養生秘訣	出村博著	180元
61. 水美肌健康法	井戶勝富著	170元

國家圖書館出版品預行編目資料

孫式太極拳詮真／孫劍雲 著
——初版，——臺北市，大展，2004〔民 93〕
面；21 公分，——（中國當代太極拳名家名著；4）
ISBN 957-468-318-4（平裝）
1.太極拳
528.972 93010031

當代太極拳名家名著；4
孫式太極拳詮真
ISBN 957-468-318-4
著 者／孫劍雲
責任編輯／張建林
發行人／蔡森明
出版者／大展出版社有限公司
社 址／台北市北投區（石牌）致遠一路 2 段 12 巷 1 號
電 話／（02）28236031・28236033・28233123
傳 眞／（02）28272069
郵政劃撥／01669551
網 址／www.dah-jaan.com.tw
E－mail／service@dah-jaan.com.tw
登記證／局版臺業字第 2171 號
承印者／高星印刷品行
裝 訂／協億印製廠股份有限公司
排版者／弘益電腦排版有限公司
初版 1 刷／2004 年（民 93 年）9 月
定 價／350 元

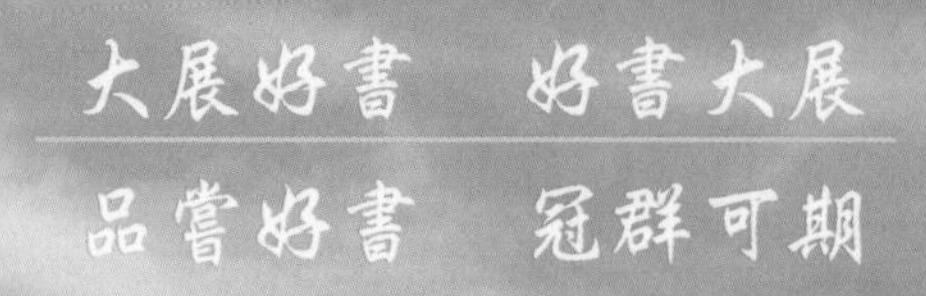
大展好書　好書大展
品嘗好書　冠群可期